吳忠信日記

（1946）

The Diaries of Wu Chung-hsin, 1946

民國日記 | 總序

呂芳上
民國歷史文化學社社長

　　人是歷史的主體，人性是歷史的內涵。「人事有代謝，往來成古今」（孟浩然），瞭解活生生的「人」，才較能掌握歷史的真相；愈是貼近「人性」的思考，才愈能體會歷史的本質。近代歷史的特色之一是資料閎富而駁雜，由當事人主導、製作而形成的資料，以自傳、回憶錄、口述訪問、函札及日記最為重要，其中日記的完成最即時，描述較能顯現內在的幽微，最受史家重視。

　　日記本是個人記述每天所見聞、所感思、所作為有選擇的紀錄，雖不必能反映史事整體或各個部分的所有細節，但可以掌握史實發展的一定脈絡。尤其個人日記一方面透露個人單獨親歷之事，補足歷史原貌的闕漏；一方面個人隨時勢變化呈現出不同的心路歷程，對同一史事發為不同的看法和感受，往往會豐富了歷史內容。

　　中國從宋代以後，開始有更多的讀書人有寫日記的習慣，到近代更是蔚然成風，於是利用日記史料作歷

史研究成了近代史學的一大特色。本來不同的史料，各有不同的性質，日記記述形式不一，有的像流水帳，有的生動引人。日記的共同主要特質是自我（self）與私密（privacy），史家是史事的「局外人」，不只注意史實的追尋，更有興趣瞭解歷史如何被體驗和講述，這時對「局內人」所思、所行的掌握和體會，日記便成了十分關鍵的材料。傾聽歷史的聲音，重要的是能聽到「原音」，而非「變音」，日記應屬原音，故價值高。1970年代，在後現代理論影響下，檢驗史料的潛在偏見，成為時尚。論者以為即使親筆日記、函札，亦不必全屬真實。實者，日記記錄可能有偏差，一來自時代政治與社會的制約和氛圍，有清一代文網太密，使讀書人有口難言，或心中自我約束太過。顏李學派李塨死前日記每月後書寫「小心翼翼，俱以終始」八字，心所謂為危，這樣的日記記錄，難暢所欲言，可以想見。二來自人性的弱點，除了「記主」可能自我「美化拔高」之外，主觀、偏私、急功好利、現實等，有意無心的記述或失實、或迴避，例如「胡適日記」於關鍵時刻，不無避實就虛，語焉不詳之處；「閻錫山日記」滿口禮義道德，使用價值略幾近於零，難免令人失望。三來自旁人過度用心的整理、剪裁、甚至「消音」，如「陳誠日記」、「胡宗南日記」，均不免有斧鑿痕跡，不論立意多麼良善，都會是史學研究上難以彌補的損失。史料之於歷史研究，一如「盡信書不如無書」的話語，對證、勘比是個基本功。或謂使用材料多方查證，有如老吏斷獄、法官斷案，取證求其多，追根究柢求其細，庶幾還原

案貌，以證據下法理註腳，盡力讓歷史真相水落可石出。是故不同史料對同一史事，記述會有異同，同者互證，異者互勘，於是能逼近史實。而勘比、互證之中，以日記比證日記，或以他人日記，證人物所思所行，亦不失為一良法。

　　從日記的內容、特質看，研究日記的學者鄒振環，曾將日記概分為記事備忘、工作、學術考據、宗教人生、游歷探險、使行、志感抒情、文藝、戰難、科學、家庭婦女、學生、囚亡、外人在華日記等十四種。事實上，多半的日記是複合型的，柳貽徵說：「國史有日歷，私家有日記，一也。日歷詳一國之事，舉其大而略其細；日記則洪纖必包，無定格，而一身、一家、一地、一國之真史具焉，讀之視日歷有味，且有補於史學。」近代人物如胡適、吳宓、顧頡剛的大部頭日記，大約可被歸為「學人日記」，余英時翻讀《顧頡剛日記》後說，藉日記以窺測顧的內心世界，發現其事業心竟在求知慾上，1930年代後，顧更接近的是流轉於學、政、商三界的「社會活動家」，在謹厚恂恂君子後邊，還擁有激盪以至浪漫的情感世界。於是活生生多面向的人，因此呈現出來，日記的作用可見。

　　晚清民國，相對於昔時，是日記留存、出版較多的時期，這可能與識字率提升、媒體、出版事業發達相關。過去日記的面世，撰著人多半是時代舞台上的要角，他們的言行、舉動，動見觀瞻，當然不容小覷。但，相對的芸芸眾生，識字或不識字的「小人物」們，在正史中往往是無名英雄，甚至於是「失蹤者」，他們

如何參與近代國家的構建，如何共同締造新社會，不應
該被埋沒、被忽略。近代中國中西交會、內外戰事頻
仍，傳統走向現代，社會矛盾叢生，如何豐富歷史內
涵，需要傾聽社會各階層的「原聲」來補足，更寬闊的
歷史視野，需要眾人的紀錄來拓展。開放檔案，公布公
家、私人資料，這是近代史學界的迫切期待，也是「民
國歷史文化學社」大力倡議出版日記叢書的緣由。

導言

王文隆
南開大學歷史學院副教授

一、吳忠信生平

　　吳忠信（1884-1959），字禮卿，一字守堅，別號恕庵，安徽合肥人。1900年八國聯軍攻陷北京，光緒帝與慈禧太后西逃，鑑於國難而前往江寧（南京）進入江南將弁學堂，時年僅十七。1905年夏天畢業後，奉派前往鎮江辦理徵兵，旋受命為陸軍第九鎮第三十五標第三營管帶，開始行伍生涯。隔年經楊卓林介紹，秘密加入同盟會。1911年武昌起義，全國響應。林述慶光復鎮江，自立為都督，任吳忠信為軍務部部長，後改委為江浙滬聯軍總司令部總執行法官兼兵站總監。

　　1912年元旦，孫中山就任中華民國臨時大總統，奠都南京，吳忠信任首都警察總監。孫中山辭職後，吳忠信轉至上海《民立報》供職，二次革命討袁時復任首都警察總監，失敗後亡命日本，加入孫中山重建的中華革命黨。並於1915年，在陳其美（字英士）帶領下，與蔣中正同往上海法國租界參預討袁戎機，奠下與蔣中正的深厚情誼。1917年，孫中山南下護法組織軍政府，吳忠信奉召前往擔任作戰科參謀，襄助作戰科主任蔣中正，兩人合作關係益臻緊密。爾後，吳忠信陸續擔任粵軍第二軍總指揮、桂林衛戍司令等職。1922年，

吳忠信作為孫中山的全權代表之一員，與段祺瑞、張作霖共商三方合作事宜。同年 4 月前往上海時，因腸胃病發作，辭去軍職，卜居蘇州。爾後數年皆以身體不適為辭，在家休養，與好友羅良鑑（字佶子）等人研究諸子百家。

　　1926 年 7 月，蔣中正就任國民革命軍總司令，誓師北伐，同年 11 月克復南昌後，邀請吳忠信出任總司令部顧問，其後歷任江蘇省政府委員、淞滬警察廳廳長、建設委員會委員、河北編遣委員會主任委員等職。1929 年，因國家需要建設，前往歐美考察十個月。1931 年 2 月奉派為導淮委員會委員，同月監察院成立，又任監察委員。1932 年 3 月受任為安徽省政府主席，次年 5 月辭職獲准後，轉任軍事委員會南昌行營總參議。1935 年 4 月擔任貴州省政府主席，次年 4 月因胃腸病復發加以兩廣事變，呈請辭職，奉調為蒙藏委員會委員長。自此主掌邊政八年，期間曾親赴西藏主持達賴喇嘛坐床、前往蘭州致祭成吉思汗陵，並視察寧夏、青海及新疆等邊疆各地。1944 年 9 月調任新疆省政府主席兼保安司令，對內以綏撫為主，對外應付蘇聯及三區（伊犁、塔城、阿山）革命問題，1946 年 3 月辭任後，任國民政府委員，並當選第一屆國民大會代表。

　　1948 年 4 月，蔣中正當選行憲後第一任中華民國總統，敦聘吳忠信為總統府資政，復於該年年底委為總統府秘書長。1949 年 1 月 21 日蔣中正引退後，吳忠信堅辭秘書長職務，僅保留資政一職。上海易手之前，吳忠信舉家遷往台灣，被推為中國國民黨中央非常委員會

委員，並任中國銀行董事、中央銀行常務理事。1953
年 7 月起，擔任中央紀律委員會主任委員。1959 年 10
月，吳忠信腹瀉不止，誤以為腸胃痼疾發作，未加重
視。不久病情加劇，乃送至榮民總醫院，診療結果為肝
硬化，醫藥罔效，於該年 12 月 16 日辭世。

二、《吳忠信日記》的史料價值

　　吳忠信自 1926 年任國民革命軍總司令部顧問時開
始撰寫日記，至1959 年辭世前為止，共有 34 年的日
記。其中 1937、1938 年日記存藏於香港，1941 年年
底日軍佔領香港時未及攜出而焚毀，因而有兩年闕佚
（1942.3.15《吳忠信日記》）。

　　《吳忠信日記》部分內容，例如《西藏紀遊》、
《西藏紀要》以及《吳忠信主新日記》曾先後出版，披
露其在 1933 年經英印入藏辦理達賴喇嘛坐床大典以及
1944 年出任新疆省政府主席之過程，其餘日記內容大
多未經公開。現在透過民國歷史文化學社的努力，將該
批日記現存部分，重新打字、校訂出版，以饗學界。這
批日記的出版，足以開拓民國史研究的新視角。

（一）蔣吳情誼

　　蔣中正與吳忠信的情誼在日記中處處可見。除眾所
周知的託其就近關照蔣緯國及姚冶誠一事外，蔣中正派
任吳忠信為地方首長的背後，也有藉信賴之人，安頓地
方、居間調處的考量。如吳忠信於 1935 年 4 月派為貴
州省政府主席，原以江南為實力基礎的南京國民政府，
得以將其力量延伸入西南，在當地推展教育與交通等基

礎建設，並透過吳忠信居間溝通協調南京與桂系關係，
從日記中經常記述與桂系來人談話可見一斑。而薛岳此
時以追剿為名，率中央軍進入貴州，在吳忠信與薛岳兩
人通力合作之下，加強中央對貴州的掌控，為未來抗戰
的後方準備奠立基礎。又如吳忠信於抗戰末期接掌新疆
省務，以中央委派之姿取代盛世才為新疆省政府主席，
一改「新疆王」盛世才當政時的高壓政策，採取懷柔態
度，釋放羈押的漢、維人士，並派員宣撫南疆，圖使新
疆親近中央，這都得是在蔣中正對吳忠信的高度信任
下，才能主導的。當蔣中正於 1946 年 1 月下野，李宗
仁代總統時，吳忠信居間穿梭蔣中正、李宗仁二人之
間，由是可見吳忠信在二人心中的特殊地位。直至蔣中
正於 1950 年 3 月 1 日「復行視事」，每個布局幾乎都
有吳忠信的角色存在。

（二）蒙藏邊政

　　吳忠信長年擔任蒙藏委員會主任委員，關於邊疆問
題的觀點與處置，也是《吳忠信日記》極具參考價值的
部分。吳忠信掌理蒙藏委員會，恰於全面抗戰爆發前至
抗戰末期，在邊政的處置上，期盼蒙、藏、維等邊疆少
數民族能在日敵當前的情況下，親近中央、維持穩定。
針對蒙藏，吳忠信各有安排，如將蒙古族珍視的成吉思
汗陵墓遷移蘭州，以免日敵利用此一象徵的用心。對於
藏政，則透過協助班禪移靈回藏（1937 年）、達賴坐
床大典（1940 年 2 月）等重要活動，維護中央權威，
避免西藏藉英國支持而逐漸脫離中央掌控。1940 年 5
月於拉薩設置蒙藏委員會駐藏辦事處是最成功的宣示，

力採「團結蒙古、安定西藏」的策略，穩定邊陲。吳忠信親身參與、接觸的人面廣泛，對於邊事的觀察與品評，值得讀者深思推敲。

（三）貫穿民國史的觀察

長達 34 年的《吳忠信日記》，貫穿了國民政府自北伐統一、訓政建國、抗日戰爭到國共內戰，以及政府遷台初期的幾個重要階段。透過吳忠信得以貼近觀察各階段的施政重心與處置辦法，以個人史或是生活史的角度，觀察黨政要員在這些動盪之中的處境、心境與動態。更能搭配其他同樣經歷人士的紀錄，相互佐證。

三、日記所見的個人特質

日記撰述，能見記主公私生活，從中探知其性格與思維，就日記的內容來分析，或許能得知吳忠信的個人特質。

（一）愛家重情

吳忠信的愛家與重情，有兩個層面，一是對於家族的關懷，一是對於鄉誼、政誼的看重。家人一直都是他的牽絆與記掛，他與正室王惟仁於 1906 年結婚，卻膝下無子。在惟仁的寬宏下，年四十迎娶側室湘君，1926 年初得長女馴叔，嘗到為人父的喜悅。爾後湘君又生長子申叔，使得吳家有後，但沒過多久，湘君竟因肺炎撒手人寰，年方二十五，使得吳忠信數日皆傷心欲絕，在日記中曾寫道：「自伊去後，時刻難忘。每一念及，不知所從。」（1932.12.31《吳忠信日記》）爾後吳忠信經常前往湘君墳上流連，一解思念之情。湘君故後，吳

忠信又迎娶麗君（後改名麗安），生了庸叔、光叔兩
子。不過吳忠信與麗安感情不睦，經常爭執，在日記中
多次記下此事的煩擾。吳忠信重視子女教育，抗戰勝利
後，馴叔赴美求學，嫁給同樣赴美、專攻數量經濟學的
林少宮，生下了外孫，讓吳忠信相當高興。1954 年，
或因聽聞林少宮將攜家帶眷離美赴大陸，吳忠信並不贊
成，不斷去函馴叔勸其留在美國，如果一定要離開，也
務必來台。同年 8 月 6 日，吳忠信獲悉馴叔一家已經離
開美國，不知所蹤，從此以後，日記鮮少提到這個疼愛
的女兒。這一年年末在日記的總結寫道：「最煩神是
子女問題，尤其家事真是一言難盡。」表現出心中的
苦悶。

　　吳忠信相當看重安徽同鄉，安徽從政前輩中最敬重
的要屬北京政府國務總理段祺瑞，兩人政治立場並不相
容，但鄉誼仍重。吳忠信自段祺瑞移居上海後，經常從
蘇州前往探望，段祺瑞身故時，也親往弔祭。對於同
鄉後進，無論是在政界或是學界，多所關照，願意接
見、培養或是推介，因此深為鄉里所敬重。如 1939 年
在段祺瑞女婿奚東曙的引介下，會晤出身安徽舒城的孫
立人，在當天的日記中寫道：「〔孫立人〕清華大學畢
業後，赴美國學陸軍，八一三上海抗日之後，身負重
傷，勇敢可佩。此人頭腦清楚，知識豐富，本省後起之
秀。」（1939.9.28《吳忠信日記》）頗為欣賞。或許是
命運的作弄，當 1955 年爆發郭廷亮匪諜案時，吳忠信
恰為九人調查委員會的一員，於公不能不辦，但於私仍
同情孫立人的處境，認為他「一生戎馬，功在黨國，得

此結果，內心之苦痛，可以想見，我亦不願多言，是非曲直留待歷史批評」。

吳忠信同樣在乎的還有政誼，盡力多方關照共事的同事。如羅良鑑不僅是他生活的良伴，也是與他同任安徽省政府委員的至交，兩人都在蘇州購地造園，經常往來。爾後，吳忠信主政安徽省、貴州省與蒙藏委員會時，羅良鑑都是他的左右手，離任蒙藏委員會時，更推薦羅良鑑繼任。1948 年 12 月 21 日，羅良鑑夫婦自上海前往香港，飛機失事罹難，隔年骨灰歸葬蘇州。吳忠信在蔣、李兩方居間穿梭繁忙之際，特地回到蘇州參加喪禮，深為數十年好友之失而悲痛，可看出吳忠信個人重情、真誠的一面。

（二）做人做事有志氣有宗旨

吳忠信曾經在 1939 年元旦的自勉中，自述「余以為做人做事，必有志氣，有宗旨，然後盡力以赴，始可有成。」另亦述及「自入同盟會、中華革命黨而迄于今，未敢稍渝此旨。至以處人論，則一秉真誠，不事欺飾，對於人我分際之間，亦嘗三致意焉。」這是他向來自持的。就與蔣中正的關係而論，自詡亦掌握此一原則，他在同日又記下：「余與蔣相處，民十五後可分三個階段，由十六年起至十八春出洋止，以革命黨同志精神處之；由十九年遊歐美歸國起至二十一年任安徽省主席以前止，則以朋友方式處之；由安徽主席起以至于今，則以部屬方式處之。比年服務中樞，余于本身職掌外，少所建議，于少數交遊外，少所往還，良以分際既殊，其相處之標準，不可不因之而異也。余在過去十二

年來，因持有上述之宗旨與標準，故對國事，如在滬、在平、在皖、在黔及目前之在蒙藏委員會，均能振刷調整，略有建樹，絲毫未之貽誤；對友人如過去之與蔣，雖交誼深厚，然他人則與之誤會叢生，而余仍能保持此種良好關係，感情日有增進，而毫無芥蒂。……即無論國家之情勢若何，當一本過去，對國竭其忠、對友竭其力，如此而已。概括言之：即「救國」、「助友」兩大方針是也。」

由此可知，在吳忠信待人之原則，必先確認兩人之關係，進而以身分為斷，調整相待之禮。他長時間服務公職，練就出一套為公不私的原則，經常在日記中自記用人、薦人之大公無私，此亦為其「救國」、「助友」之顯現，常以「天理、國法、人情」與來者共勉。

四、結語

吳忠信於公歷任軍政要職，於私是家族中的支柱。公私奔忙之餘，園藝之樂，或許才是他的最愛。他常在一手規劃的蘇州庭園裡，親自修剪、堊土，手植的紫藤、楓樹、柳樹、紅梅、白梅等在園中，隨著季節的變化而映放姿彩，園林美景是他內心的慰藉。吳忠信1949年回蘇州參加羅良鑑夫婦葬禮後，短暫地回到自宅園林，感嘆地寫道：「園中紅梅業已開散，白梅尚在開放，香味怡人。果能時局平定，余能常住此園以養殘年，余願足矣。」（1949.2.21《吳忠信日記》）可惜，這是他最後一次回到蘇州，之後再無重返機會，願與天違。

　　這份與民國史事有補闕作用的《吳忠信日記》並非
全出於其個人手筆，部分內容為下屬或親屬經其口述謄
寫而成。1940年，他就提到：「余自入藏以來，身體
時常不適，且事務紛繁，日記不時中斷，故託纕蘅兄代
記，國書姪代繕。」（1940.1.23《吳忠信日記》）且在
記述中，也有於當日日記之末，囑咐某一段落應增添某
公文，或是某電文的文字，或可見其在撰述日記之時，
便有日後公諸於世的預想。或許是如此，吳忠信在撰寫
日記時，不乏為自己的行動辯白，或是對他人、事件之
品評有所保留的情況，此或許是利用此份日記時須加以
留意的地方。

編輯凡例

一、 本社出版吳忠信日記，起自 1926 年，終至 1959
     年，共 34 年。其中 1926 年日記為當年簡記，兼
     錄 1951 年補述版本；1937 年至 1938 年於太平洋
     戰爭爆發後，其家人逃離香港時焚毀，僅有補述
     版本。

二、 古字、罕用字、簡字、通同字，在不影響文意
     下，改以現行字標示。

三、 日記中原留空白部分，以 □ 表示；難以辨識字
     體，以 ■ 表示。編註以【 】標示。

四、 作者於書寫時，人名、地名、譯名多有使用同音
     異字、近音字，落筆敘事，更可能有魯魚亥豕之
     失，為存其真，恕不一一標註、修改。但有少數
     人名不屬此類，為當事人改名者，如麗君改名麗
     安、曾小魯改名曾少魯等情形，特此說明。

目錄

1946 年（民國 35 年）　63 歲

1月1日　星期二

　　上午十時黨政軍人員在西大樓禮堂前空地集合，向東遙拜總理靈墓，由余主祭。祭畢，至大禮堂舉行元旦慶祝典禮與團拜，由余主席，張部長文白等均參加，計到五百餘人。同時舉行軍九分校主任宋希濂受勳禮，及該校騎兵科畢業典禮，及警三分校語文班畢業典禮，至十一時半完成。是日天氣清朗，余身心快慰。午後一時招待中央駐新部隊廿九集團軍總司令李鐵軍、師長侯聲、向超中、葉成及團長以上重要軍官三十餘人。席間余致詞，並勉勵彼等長期服務邊疆，建功立業。彼等情緒非常熱烈，誠懇表示擁護，余非常感慰。尤以主新以來，軍方多方幫助，使余不能忘懷也。

1月2日　星期三

　　午後一時招待軍官學校第九分校宋主任希濂及該校高級職員及供應局高級職員共廿餘人。曾文正用人素來謹慎，既用之後，復隨時嚴密考查，有下列三語足為吾人效法：多其察、少其發、酷其罰。

1月3日　星期四

　　昨晚張部長文白與伊犁匪方代表談判告一段落，簽定有關政治初步條件（另有記載），軍事保留，隨後再談。能否和平，權在蘇聯。文白于今晨上午十時半起飛回渝，留彭昭賢、劉夢純、王曾善在迪化與該代表繼

續談判。余因此間各種情形錯綜複雜，擬即赴渝晉謁蔣總裁報告一切，當即去電請示，希望准如所請也。晚七時召開省府小組會議，研究此次與伊代表簽定之條件得失，以及今後省府之錯施，大家均以為將來應付頗為不易。因我熟習新疆情形，雖將去新疆，然為對國家負責起見，決擬治新計劃，呈請中央以資參考，倘能照吾人意見辦理，則新疆前途不悲觀。

1月4日　星期五

午間招待省黨部及中訓分團科長以上同人卅餘人午餐，並以德、智、體三育勉勵，同人非常感動。晚間招待新疆學院、新疆女子學院兩院長，及該院重要教授，並因徐家驥、崔果政兩先生即將進關，特為餞行。又因涂治、李傳隆兩教授前赴塔什干參加該處大學廿五週年紀，昨日回來，特為洗塵。席間大談哲學。

1月5日　星期六

午間宴各廳處及中央在新機關各首長，以及該廳處等科長以上人員，計到壹百伍十餘人，席間同人興趣濃厚，喝酒勇敢。余簡單致詞，略謂無論辦什麼事，首先要有興趣，其次勇敢，就今日同人興趣、勇敢觀之，今年新疆必定有進步，你們今年業務與學術、身體亦必定有進步，最後又以清、慎、勤共勉之。晚間宴警務處等機關人員計卅人。余致詞，過去一年警察非常辛苦，雖有地方淪陷，而警察並不投降，且在省城迭破暴動要案多件，應加以慰勞，最後余又說民國歷史與進步。

1月6日　星期日

我主政新疆已一年又三個月，在此期間，黨政軍同人和衷共濟之氣象，為各省所無，尤其對我十分尊重、十分服從，而他們自身工作也是努力，十分辛苦。所以近數日來，藉新年分別招待聚餐，一以表示慰勞與感謝之意，一以決將離新，雖未發表，在我精神上亦藉此與同人告別矣。

1月7日　星期一

記張部長文白與伊犁暴動代表簽訂條件之大意及我之感想

條款凡十一條，最重要：

甲、政府允許人民選舉地方行政官吏。

乙、准許人民以國內外自由貿易。

丙、准予組織民族軍隊，中央軍隊不得與其同駐一處。

丁、擴大省政府委員名額，由十一人增至廿五人，使彼等得分任副主席及廳委等。

戊、附件一，計三條，由張部長函代表等，應俟中央核准之日發生效力。

己、附件二，係關于事變區，軍事照國軍編制，計五條，尚未簽定，俟該代表等向伊犁方面請示也。

綜觀以上：

（1）准予組織民族軍隊，無異我以承認其民族問題。

（2）所訂各條，彼方只有權利而無義務。

（3）未明目規定停止軍隊行動，近日以來，仍向莎車方面極力圍攻，其他各區人民或亦將趨向事變之

所為，以為有利可圖也。

（4）此項條件雖簽訂，而問題未解決。

（5）匪方曾邀求喀什、阿克蘇歸其範圍一併談判，此
　　　明明是主使者蘇聯方面要以阿、塔、伊、阿、喀
　　　五區為其國防外圍，其用心可以想見。

（6）此次談判期間，匪方事事請示蘇聯，簽字之夕，
　　　張部長約蘇領晚餐。餐後簽字，蘇領亦在坐，主
　　　張修改條文，張未允，亦可見蘇聯之態度。

（7）在蘇聯方面，可謂收獲甚大，第一，硬使民族成
　　　為問題，第二，事變區我無權過問政治軍事，無
　　　異成為化外，將來該事變區發生外交問題，仍須
　　　有政府負其責也。

（8）我方之收獲暫時安定局面，與夫此三個月中利用
　　　談判，我方軍事加強。

（9）余最痛心者，我方戰死官兵及殺無辜漢人男婦
　　　老幼將三萬人，此仇未復，與匪言和，且匪之
　　　態度驕慢異常。彼既事事請示蘇聯，我方亦必
　　　須與蘇聯切實周旋。此為痛心之餘，尤以為奇
　　　恥大辱者。

（10）文白部長在新與匪方談判凡八十日，堅忍相
　　　　待。與匪談判，每次均在四、五小時以上，以
　　　　極大寬容忍耐之態度，唇乾舌燥，絮絮不休，
　　　　始有如此結果。孤詣苦心，容人所不能忍，其
　　　　精神值得佩服。

（11）該代表等第三次來迪，曾提出續增之條件，要
　　　　求卅四度入新中央軍隊撤出新省，並將警察機

構撤銷。侮辱未有甚于此者，是而可忍孰不可忍，經張部長嚴詞拒絕，內容確尚保留。

（12）余近三月極度不安，急于求去，迭辭未准，終日如坐針氈。但為將來新疆計，應注意如下四點：（一）加強軍事布置；（二）改善政治；（三）外交運用；（四）內部團結。果能如此，前途可為。此不過犖犖大者，當另擬詳細計劃呈報總裁，以備採納。

1 月 8 日　星期二

上午九時主持省黨部會議，討論卅五年度黨務工作計劃。午間招宴謝軍長義峯及迪化地方法院院長岳成安諸君。謝年來在前方作戰，異常辛苦，而烏蘇之敗皆歸罪于謝。蓋烏蘇之役，單位有十個以上之多，而又多未經訓練之新兵，無論何人亦難負其責任。謝因此態度消極，余乃藉此慰勞，以安其心。岳院長在此服務頗為努力，與余相處亦甚相得，今調部將派往東北工作，茲特為餞行，並送旅費。

1 月 9 日　星期三

余在新疆雖得黨、政、軍及人民社會各界之信任，但最無辦法是對蘇聯外交，親既不可，疏亦不可，啼笑皆非，想不出好的方法使他滿意，故于去年迭請辭職，均未蒙批准。日前張部長返渝，切託代向總裁進言，茲得來電，奉諭仍希稍待，致使余非常失望。昨晚再電總裁重申前請，大意新局在和戰未定之際，必須早有充分

之準備，新疆情形複雜，信體驗較久，知之較深，亟需回渝報告，此蓋欲以有利于國家，倘將來認為信仍須返新，當遵命再來等語。

1月10日　星期四

抗戰八年，日本投降，全國同胞皆大歡喜，不料喜中生悲，共產黨與國民黨同室操戈，以致人民顛沛流離，死亡載道，這是吾人對國家、對人民最不幸、最悲痛。現在重慶召開政治洽商會，蔣總裁親自主持，除共黨外，各黨派均有代表參加，亟盼大家以國家民族為重，和衷共濟，使會議成功，人民得安居樂業，此全國同胞所熱望者也。尤其是美國駐華特使馬歇爾將軍從中調和，國共兩黨各派一人，同馬將軍成立三人小組會議，決定軍事問題，此固美國好意，但亦吾人自家不成器之恥辱也。

1月11日　星期五

上午九時主持省府會議，通過例案多件。得蔣總裁子灰酉電：兄此時不宜離迪，諸事待決定後再報云云。但余既定離新，只好稍緩繼續請求。

1月12日　星期六

蔣特派員（東北）經國上月底經迪化赴莫斯科接洽外交，昨日午後二時半飛返迪化，仍下榻余寓。聞總裁本命經國本月十日趕回重慶，因蘇境大雪，天氣不佳，故遲延數日，余當即電告總裁。據蔣特派員經國云：

（1）新疆與東北外交不應認為地方問題，應認為國家
　　問題，由中央向蘇政府交涉，較易收效（余十
　　分贊成，余素來主張如此，張部長前在迪化與
　　伊犁代表談判時，余即主張在莫斯科與重慶同
　　時進行）。

（2）關于新疆事變，蘇聯不甚注意，並表示幫忙。
　　至于伊犁代表要求撤退中央在新駐軍，斯達林
　　表示不知，嗣斯詢外長莫諾託夫，確有其事，
　　斯表示不應該。

（3）蘇聯希望新疆經濟合作，尤其希望獨山子油
　　礦，其他烏礦、鐵路亦均談到云云。查伊犁匪
　　亂，完全蘇聯主動，其表面莊聾作啞，其目的在
　　政治分割我民族與造成其國防外圍，今更公開提
　　出經濟合作。司馬昭之心，路人皆見之矣。

1 月 13 日　星期日

　　經國擬今日飛蘭州返重慶，余晨五時半起身，七時
送經國到飛機場。彼再三辭送，余曰老送小，長輩送晚
輩，不必客氣，彼乃接受我送。他在車中云，蘇聯方面
觀察，廿年不會有戰事，蘇聯此次大戰，死亡二千萬
人。我說將來大戰，我們中國最好中立。他說恐不易辦
到，東北也是導火線。我問他蘇聯科學家多不多。他說
很多，蘇聯是懂得製造原子彈，不過以蘇聯財政，是不
能製造，蘇聯云原子彈以成舊的武器（言外尚有比原子
更新武器）。送到機場後，我未下車，即原車回城。我
將迭次辭職經過，特向經國詳說一番，請他向總裁轉達

余意，務請准余早日離開新疆，並託代陳總裁一函（約一千六百字）。其大意如下：

（1）首先說新疆情勢。

（2）論新局前途，為和、為戰、為拖，均非信所堪任。蓋和則循張部長所簽條款，省府必須改組；戰則須力求軍政配合，以我年齡，加以心臟衰弱，頭常眩暈，亦不能勝繁劇；拖則一面須保持和議之接觸，一面須加緊軍事之準備，信在此已不適于政治之要求，亦無補軍事之錯置。

（3）當前局勢和、戰、拖三者，似以成為三位一體之綜合體，因和迄未絕望，戰則仍在局部進行，在和戰並行之姿態，即造成一拖之局面。在某方未達到佔領喀什、阿克蘇兩區，或此種企圖未完全失敗之前，拖之局面即將繼續，故我對策亦應于和戰均可之中，謀全局平安渡過。故此時，省府之錯施即應著于適應此種局勢。以信管見，比較合理辦法有下列三案：

（甲）省府暫不改組，准信請假回渝。主席職務暫由郭副長官寄嶠代理，使其一面對南疆軍事積極布署，一面在政治方面表示省府雖有改組之可能，但必須對方在軍事方面就我範圍。另一方面，仍設法使伊犁方面之談判保持不即不離之關係。

（乙）明令發表張部長文白任西北行營主任兼新疆主席，但省委廳處長，則僅按與伊代表簽定之條款，發表中央直接任命之十人，其餘名

額暫懸，以示留待對方提出之意。同時令張
部長即來接任，續作和平之折衝。

（丙）發表張部長繼任新省主席，省委即廳處長由
張部長斟酌作局部更動，同時張部長可暫緩
到差，由其保薦一人暫代主席，繼續作和平
之商討。

以上三案，均較信留任為宜云云。

1 月 14 日　星期一

數月來以今日為最清閒，我在此急欲離開，很不耐
煩。然以目前政務簡單、居住適宜，應該趁此良機修養
身心，遲早總可走開。為何性急若是乎，此皆余平素修
養功夫欠缺之故也。

1 月 15 日　星期二

上年九月迪化局勢有朝不保夕之勢，嗣由危急而趨
穩定，以現在敵我態勢，更由穩定而漸趨主動。何以能
如此者，在軍事上固因青海騎五軍入新之鎮壓，在政治
上由于民心之歸向，尤其是張部長文白三月來外交之運
用關係最大。倘蘇聯不放鬆，雖有青軍、雖有民心，亦
不能得當前之情勢。反之，即外交好轉、匪肯談判，而
無青軍與民心，則迪化難保更無談判餘地。此三者缺一
不可也，但外交確居首要之因素也。張部長毅然與對方
簽訂和平條款，在張部長不無損失，而在政治方面作用
甚大：（1）和緩敵方軍事行動，我可從容布置；（2）
中央對內外表示寬大；（3）如果照條件實行，則伊犁

偽組織取銷，新疆局面統一；（4）如對方有意拖延，則對方必感覺中央待遇優厚，而厭惡某方，我則可收攻心之大效。

1月16日　星期三

上午十時，接見本省烏礦工程處處長韓春暄（黑龍江人）。前年伊犁事變，彼夫人與兩個小孩及該處工程人員均未退出，生死不明，言下非常憂慮，余亦深表同情。本省公路局長陸振軒君任事以來，因該局車輛、油料、配件等等，先後受兵站總監部與供應局之統制，影響該局工作，無法推進，而省府負該局巨大經費責任，擬將該局撥歸中央管理，中央又不肯接收，因此陸君迭請辭職。今日（十六）來面辭，只得照准，其遺缺擬即以交通部龔次長學遂推薦之孫文奎君接充。陸君精明強幹，學有專長，余力勸其在民主政治國家辦理民營事業，成就必大，陸君深以為然。

1月17日　星期四

阿山老匪首、現任阿山偽專員窩斯滿部下重要幹部哈巴斯，前曾派人致書在迪化之努爾和加（努亦是阿山匪首之一，由余招安），表示傾心政府。經余命努爾和加與居奴斯（居是被捕之匪）同赴北沙窩與哈巴斯晤面，昨日任務畢返抵迪化，並帶來哈巴斯復余函件。據稱窩斯滿、哈巴斯以下群眾與牧民均傾誠政府，窩、哈兩人表示決定保全阿山領土，不任外人侵佔，將來無論如何，決不投入蘇聯與外蒙之懷抱，亦不甘為伊犁偽組

織所利用。哈巴斯復余函中，言定本月廿五日派負責代表來迪商量投誠事宜。這是余很歡喜的事，因此在軍事上當前奇台、阜康一帶防務可以放鬆，而在政治收獲更大，可打破伊犁偽組織之團結。這是一年以來匪亂第一次最大之轉變，果能運用得宜，必可影響其他方面。

1 月 18 日　星期五

阿山形勢將轉變，而南疆勝利消息又傳來。查近一月來，南疆形勢較為吃緊，葉城、澤普先後淪陷，莎車告急。匪軍乃于本月十六日晨六時，挑選精銳先鋒三百人猛攻莎車縣城，當被我軍擊潰。至午後六時，匪後續部隊三、四百人連合殘餘先鋒隊反攻至夜二時，又為我軍擊潰，向澤普縣敗退。是役擊斃匪軍百餘人（多是烏、塔、柯三族人），獲戰馬百餘匹、捷克槍百餘支、子彈甚多。我軍陣亡兵士十一名，傷廿餘名，當即發給賞卹款項，以示鼓勵。但以烏、塔、柯三族人以及一律捷克槍枝，證明某方測動毫無疑問。蓋此役關係甚大，可使南疆暫時穩定，現應飭增援各路軍隊迅速前進，一鼓作氣收復葉城、澤普、蒲犁諸縣，萬不可仍持觀望拖延之心理也。

1 月 19 日　星期六

根據余數十年做人做事之經驗，大多數人無一定方針，以一時之利害為轉移，一節一節向前嘗試，很容易脫節，很容易矛盾，即中途雖可討便宜，其結果成功少而失敗多。反之不以利害為轉移之少數人，照既定方

針向前穩進，既不致脫節，亦不致矛盾，中途即遭遇困難，其結果失敗少而成功多。

1月20日　星期日

上午十時中訓分團第九期舉行開學典禮，余親往主持。該期訓練內容，中、維、俄三種語文，余訓話約一小時，其大意：

（一）交通日新月異，各種語文隨時而需要，在新疆更需要中、維、俄語文。

（二）語文為文化、感情、意思、交流必要之工具。

（三）滿洲人統制中國二百八十年，至現在滿洲子孫還能與漢人程度一樣，皆得力于中國語文。即以新疆索、滿族而論，文化水準獨高，人才較多，亦皆受中國語言文化之所賜也。反之元朝蒙古人不習中國語文，統制中國時間較短，加之清朝禁止蒙古人學習中國語文，以致現在蒙古子孫衰落不堪言狀，大有亡種之勢。

1月21日　星期一

中國邊政學會于民國卅年在重慶成立總會，余任理事長，並辦有邊政公論刊物。此會志在研究邊疆各種學術供獻國家，故徵求會員非常審慎，抱寧缺毋爛之精神，會務求穩進、求實在，只因經費困難（除蔣總裁補助外，未向個人捐款），故對會務與刊物不能積極發展。現因新疆地處邊陲，確有組織分會之必要，經周彥龍、曾少魯發啟，于本月十五日召開邊政學會新疆分會

成立典禮，並選舉理、監事。經票選結果，金紹先、張
振佩、孫浮生、陳希豪、佘凌雲、謝永存、盧郁文、鄧
翔海、鮑爾漢、霍漢琦、張世傑當選為理事，何崇善、
胡國振、許蓮溪、楊永頤、沈兆麟為監事。今日（廿
一）上午十一時，該分會開第一次理監事會，並選舉金
紹先、張振佩、鮑爾漢為常務理事。午十二時余招待午
餐，簡單致詞，並勉諸同人終身服務邊疆云云。上午約
財廳盧廳長談話，現在物價高漲，公教人員生活困難，
必須增加待遇。又卅五年度預算尚未編成，應比照去年
加成，然後報告中央。

1 月 22 日　星期二

　　得張文白兄皓日（廿）電，謂已再向陳明余急欲回
渝甚切。總裁笑曰，你既不能去，他怎能回來。電中又
謂今奉命主持政治協商會之軍事三人小組會議，一月始
能有頭緒云云。可見將來新事將由文白兄辦理，而文
白須于一個後，方可來新，余祇得在此靜待。莎車我軍
迭獲勝利，其關鍵在塔吉克族匪兵哈里買買提，以父被
匪殺害，又令其當兵，乘間槍殺偽團長巴牙克，向我投
誠，亦可見匪眾離心矣。

1 月 23 日　星期三

　　上午十時，接見阜康縣哈民吉音德（七十二歲）、
鄉約等八人，都因受阿山哈匪擾亂窮苦不堪，或家人被
殺，悲慘非常。余多方安慰，並命民政廳、社會處、宣
撫會等主管立即予以救濟。老友王崑泉兄之子婿劉寶

賢君、故友李少川兄之二公子叔予君均有志邊疆，先後
來新，祇以地方不靜，未能予以較優工作，劉派在民廳
任視察，李派在財廳任視察。彼等現在均擬進關，未便
強留，並酌送川資，蓋因余亦將進關耳。孫德友運由蘭
州運送貿易公司物品到迪，昨來見。報告蘭寓一切都
好，惟仁夫人身體康健，申叔身體長得特別高大，聞
之欣慰。

1月24日　星期四

選定終身中心事業

　　余自革命、從政、將兵以來，已四十年。在此四十
年之中，無日不焦思苦慮，為國事致力，但現一回憶，
總覺空空洞洞，毫無所有，幾疑一事未作。推求其故，
蓋由于己身無一中心事業，因此余益感公務人員之無
聊。近來凡見年三十至四十左右之人，余勸其早作打
算，應選定一可以終身從事之中心事業，期以二十年或
三十年之光陰完成之，庶不致有晚年之悔。尤其在民主
政治國家，辦理社會事業，必更有所收獲。余願余之子
孫，亦以余為前車，而自我努力焉。

1月25日　星期五

　　上午十時出席省府會議，因議案較多，經過二小時
以上之時間。此為省府會議最長時間之一次，蓋余從來
主席會議，把握時間、節損時間。今日重要案件，有本
省水利五年計劃、塔里木河通航計劃、增加公教人員
待遇百分之五十（此款用裁減保安隊三個團經費彌補

之）、擬定卅五度預算標準（因抗日勝利，全國免徵田
賦一年，更因本省物價高漲，本年財政萬分困難，大有
破產之勢）、由沙灣撤退墾民中先移二百戶至南疆尉犁
縣開墾、考送各族學生至西北農學院求學（原擬考五十
人，而有資格報考者，不過十數人，教育之落後，可以
想見矣）。午後一時，招待一百二十八師團長昌生祥及
該團副團長、營長等午餐。該團原駐防木壘河一帶，現
移防庫車，道過迪化。該團有兩營維族兵，昌團長生長
新疆，少年老成，尤以帶維族兵出名。

1 月 26 日　星期六

　　午後二時特約盧廳長郁文（學習經濟）研究大戰後
世界經濟以及中國之經濟，談二小時半之久。其結論，
美國執全世界經濟之牛耳，中國必須美國幫忙，亦無
法脫離美國範圍。至輕工業，中國或可自辦一部份，
中國農業仍是佔重要地位。至貨幣之收縮，將要用虛
金本位。

1 月 27 日　星期日

　　新疆供應局長劉雲瀚君辭職，中央改派郝家駿君接
充。郝（號鐵驊）河北省人，余民國廿一年任安徽省主
席時，郝在安徽任團長，擔任省府守衛之責，今在迪化
相逢，歡喜非常。文叔來函請示，擬與湖南湘潭黎以
眉女士結婚。蓋文叔已卅二歲，早應結婚，黎女士廿一
歲，亦已成年，當即復電贊成。黎父澤洵（卅五歲病
故）亦是國民黨人。黎女士中學畢業，身家清白，閱其

相片，品貌端正。就文函中報告情形，可稱圓滿。文叔
乃三房孤獨苦兒，既無父母，及親兄弟姐妹，均由余教
養成人。今又成家，余非常歡喜，非常快慰。

1月28日　星期一
最近致方叔、文叔兩封信

方、文兩侄覽：

汝二人一個太好思慮，一個太不思慮，真是太過與
不及。今後方侄遇事應多多考慮，多多研究；文侄遇事
不用三思，再思可矣。果能如此，汝二人必有前途，余
敢斷言之也。

方侄覽：

以侄四十四歲年齡，身體強健，一定可以做廿年
事。但侄嗜好太深，必定影響事業，更要影響身體，望
侄痛改。余老矣，對侄期望之心甚殷，特直言之。

1月29日　星期二

上午十時主持省黨部會議。午十二時招待楊軍長
德亮、郝局長家駿等午餐。楊現駐防哈密，將移防阿
克蘇，郝新到局長任，特為洗塵，並約馬軍長呈祥等
作陪。

1月30日　星期三

英國駐迪化舊任領事刁茹樂，今日午後一時，在領
館以手槍自殺，遺書大意謂「對他人無利益，對自己無
用途」。余聞訊後，即派曾秘書長前往領館探視，並飭

副官處與省會警察局會同外交署協助料理殯葬事宜。溯刁故領事去年奉調，新任高領事到迪將及九個月，重慶英大使館迭來電召刁回去，而刁迄未離迪。至自殺原因，各方尚在調查中。

1 月 31 日　星期四

楊軍長德亮明日回哈密，即將調防阿克蘇，上午十時來辭行，並請指示。楊首先說他在哈密幫助地方推行政治，次言其西北多年帶兵之經過，末述從來未介紹地方行政官吏。余答：（1）以其過去之成績，是頂完全軍人，希望長期服務邊疆；（2）現在新疆政治，唯一在使人民得以休息；（3）如論在何處做事，尤其在新疆做事，必須得軍心、得民心，尤其對非中央各部隊要格外愛護，使其安心為國效力。並告駐阿克蘇團長趙漢奇守城成功、團長姜順福英吉沙戰役之成仁（因此喀什得以保全），南疆人民赤誠擁護政府；（4）中央軍隊在新迭次失敗，已大失威信，但威字一時不易恢復，必須先做恢復信字功夫。倘我中央軍隊能不擾民，而能保民、能愛民，人民自然相信，由信慢慢可以生威。計談二小時之久。楊回教徒，雲南人，中央軍校畢業，精明強幹，正是幹事時候，將來對國家必有建樹也。

2月1日　星期五

得中央黨部通知，三月一日在重慶召開第六屆二中全會，以這個機會，我當可離迪赴渝矣。上午十一時省府會議，通過四月一日召開省參議會第二次會議，又通過編譯館組織規程，並任命劉效藜為編譯館館長，將來主辦有關各宗族文字之編譯，以及本省通志等等事宜。今夕是乙酉年大除夕，余特約無家眷在迪化郭副長官寄嶠、省黨部、省政府委員廳處長等二十餘人晚餐，十分歡慰。

2月2日　星期六　丙戌年元旦

今年各機關及各宗族領袖來拜年人員非常之多，余親自接待者約一百人以上，而人民情緒之熱烈快樂，亦為多年來所未有。蓋盛氏主新數年，人民恐怖，不敢自相往來。去年我雖到此，但因伊犁事變，迪化附近匪擾，人民亦無心于此。今年則不然，人民既不恐怖，而時局日漸和緩，尤其明白政府公正態度，所以大家快慰，我亦非常快慰。總之凡一種舊的習慣，是不易快改變的，我們辦理邊疆事，更應深明此旨。

2月3日　星期日

正在熱鬧過新春，南疆軍事勝利，紛紛傳來。伊匪利用和平談判之際，由蒲犁攻佔澤普、葉城，繼又進攻莎車，被我擊潰。我軍乘勝于上月廿七日開始反攻，廿九日上午九時克復澤普，卅日上午十一時克復葉城，卅一日下午五時克復蒲、普、葉交通要點之卡群。是役

也，既可安定南疆動盪之人心，復可鼓勵我軍之士氣。
查自伊犁淪陷後，匪勢猖獗，匪人欲得何城，即可取
得。殆至昨年九月，于阿克蘇、英吉沙之役，始表現我
尚有防守之能力，今次勝利，更可表現我可反守為攻。
如能勿再拖延，積極準備一切，則全疆已失之土地必可
恢復也。

2月4日　星期一

上午十時主持擴大紀念週，到黨、政、軍薦任以上
人員五百餘人。余領導行禮後，由社會處廣祿處長報告
該處過去一年工作，關于各種救濟事宜，共計支出救濟
費省幣四千萬元（合國幣約二萬萬元）。午十二時半招
待外交劉特派員夫婦、胡警務處長夫婦、唐航檢所長夫
婦午餐。因劉夫人係波蘭人，久擬招待，苦無機會，今
以新春聚餐，表示優遇也。

2月5日　星期二

再致文叔一封信，其大意如下：
余近來對親友及一般人士出路問題，每喜考慮。余
對此主張可分為三個時期：第一個時間（民國十年以
前），總以做官為良好出路，這是非常錯誤；第二個時
期（民國十年以後），則覺前此主張過于空洞，亦多危
險，乃主張青年人應自讀書做起，故極力幫助或勸勉親
友讀書後，又創辦吳店小學；第三個時期（即最近數
年），以為讀書固重要，然對于擇業之準則更為重要，
準則者何？即教育與實業是也。余曩年力主天植辦中

學、道叔從事軍事教育，以今觀之，彼兩人各有學生數
千人，可謂已獲甚大成功。因此余仍希望彼兩人始終不
放棄教育事業，對于襄叔等將來亦寄託此種希望。至實
業方面，可分農、工、商三者，當此建國高潮日趨澎漲
時期，此三者亦最需要。余對于工商之經營，則屬望于
文叔、和俊、建文等，對于農業之經營，則屬望方叔
等。如在實業上真能有所建樹，即再涉足政治，亦較易
露頭角也。至和羣、振宗兩人未能由大學畢業，殊為可
惜，而在抗戰期中，又未能建立何項基礎，關于其前途
擇業，當未獲得結論也。

2月6日　星期三

　　文叔來電，報告本月三日（陰曆正月初二戊申
日）在蘭州貿易公司舉行接婚典禮。余隨即復電極為
歡喜云。張部長文白日前來電云，總裁已面告他，要
他暫時負西北及新疆之責任。又據朱長官逸民自蘭州致
張委員宣澤電稱，張部長將任西北行營主任，第八戰區
司令長官部將撤銷，囑留在迪化辦事人員撤退蘭州。第
就一般徵象推測，張部長來新似無疑問，究竟何時來
新，真是急煞人也。

2月7日　星期四

　　朱長官致郭副長官電稱，彼已奉命任軍事委員會副
參謀總長兼辦公廳主任，促在此間長官部人員回蘭州辦
理結束。同時張部長致劉夢純電，彼已奉委座面諭任西
北行營主任，不過現正與共產黨開三人小組軍事會議，

一時不能西來，因此新疆局勢不能迅速得到結論。中央
似此拖延復拖延，一誤再誤，何為乎。

2月8日　星期五

　　張部長于一月三日返渝後，留彭昭賢、王曾善、劉
夢純三君在迪化與伊犁聯繫。前數日由蘇聯領事轉來伊
代表消息，即將來迪繼續洽商，嗣又申明緩來，隔日蘇
領表示該代表等須俟張部長到迪後始能前來。這是一
面抬高身價，不與彭等談話，一面拖延時間，以待新的
發展，其矯而且狡之態度可以見矣。因此彭等三人在此
無事可做，爰于上月卅一日晨飛重慶，不料起飛後約半
小時，機件發生障礙，旋即飛返迪化，嗣由蘭州送來配
件，經數日修理，乃于今晨起飛。蓋新事雖暫和緩，然
照現在形勢拖延下去，與我絕對無益而有害。匪軍毫無
信用，仍居主動，隨時可向我緩來主力突擊。上午九時
半主席省府會議，仍是討論卅五年度預算問題。

2月9日　星期六

　　得重慶來電，中央將任麥斯武德為新疆監察使。查
該員前次來迪，余優予招待，但其言行頗有未妥之處，
留下許多是非，影響社會。當此新疆局勢尚未安定時，
此說果確，必增加新疆糾紛與危險。當與郭副長官寄嶠
會商，將上項意見電陳委員長加以考慮。蓋余對麥等毫
無成見，彼等離開國家唱大土耳主義，相當危險。今午
（九日）十二時半招待騎五軍騎一師師長韓有文午餐，
以該軍馬軍長呈祥等作陪。韓師長（字雲青）青海化隆

縣人，薩拉族。該族在青人口約萬多人，係維吾爾族別
支，至從何處、何時遷到青海，都不得而知。該族言語
與維語相同之處甚多，大多數能國語。韓師長善于騎
射，勇于作戰，精通國語、藏語，曾任西寧公安局長、
騎五軍副軍長。余民國卅年到青海考察黨政，及卅一年
隨總裁到青海時，均由韓師長任藏語翻譯。此次韓師入
新，係經東路之七角井至奇台駐防，剿辦土匪，保護地
方，深資出力，尤其紀律嚴明，為各方所贊許。今首次
來迪，故特于招待。

2月10日　星期日

　　張部長文白前數日來電，託蘇聯領事轉知伊犁方
面，照簽定條件，開送應參加省委名單，然後改組省政
府。昨蘇領向外交署劉特派員面稱，據伊犁方面復告，
先開名單，認為實有未便之處，仍候張部長回迪，再行
直接商談云云。因此余有所感動，特致張部長一電，大
意如下：
（1）蘇聯從中斡旋，始終判斷其無誠意，以今觀之，
　　　尤可確信。
（2）西北軍事、政治之調整，決非一次命令即可解
　　　決，應分別輕重緩急，保持彈性，用二次或三次
　　　命令，逐漸解決。故在目前應立即發表兄為西北
　　　行營主任，並先派員暫代新疆省主席，如此舉
　　　措，可使兄將來應付裕如也。
（3）新省府改組已醞釀半年，迄未實現，蘇聯、伊
　　　犁近均知之。我若再戀棧，亦覺太無聊，太無

人格矣。

（4）當斯對方正在作有計劃謀我之際，倘中央仍持一
　　貫拖延觀望之態度，而我迭次建議不蒙採納，我
　　之責任固無法繼續，且使西北局勢愈趨愈下，使
　　我無限失望。萬一在三月一日以前，中央仍無一
　　定決策，在不得已中，我只有請病假，在新疆擇
　　地休養，一切不予聞問耳。

2 月 11 日　星期一

有關東北三個比較重要事件，間接要影響新疆的：

（1）美國國務卿貝爾納斯重申對華門戶開放、貿易平
　　等之政策，蘇聯似不能在東北作額外要求，以致
　　影響美國商業權利。

（2）魏德邁將軍向記者談東九省日軍之遣返亦美軍之
　　職責，其步驟以華南、華中區為先，繼而及于華
　　北及東北。

（3）前赴撫順接收煤礦之經濟部接收委員張莘夫等一
　　行八人，茲證實已於十六日由撫順返瀋陽途中被
　　害，蘇聯方面曾正式通知我方，謂係遭武裝部隊
　　三百人刺殺，屍體已獲。

以上三項事件，第（一）、（二）兩項暗示美國重視在
東北之權益，不能讓步。第（三）項事件發生，因在蘇
軍控制範圍內，蘇方不能不負責任。總上以觀東北問題
之尖銳化，迄未稍殺，亦可見蘇聯對東北不放鬆。至新
疆問題，蘇方既在伊犁幕後造成已成事實，又不受美國
牽制，故不但不能讓步，且必更形積極，有進一步惡

化之可能。若再更進一步研究之，蘇聯在東北如較滿
意，則對西北可較鬆，反之如在東北愈不滿意，則對
西北愈緊。目前我人應自警覺，加緊準備，始克應付
未來，否則中央不變更拖延政策，則新疆前途不堪設
想矣。

2月12日　星期二

　　文叔來電，本月三日舉行婚禮，各親友處事先都未
通知，典禮簡單而隆重，並請高監察使一涵先生證婚。
此種辦法切合適際，我是非常滿意，尤以請高先生證婚
適合我心。蓋高先生年高有德、有學，為吾皖不可多得
之才者。

2月13日　星期三

　　張部長文白昨日來兩電，均關于此間外交、軍事、
政治之重要問題。其大意：
（1）中央經內定組設西北行營，由張部長主持並兼新
　　　省主席，惟因伊方未提出委員名單，故明令未能
　　　發表，仍希伊方提出省委名單。
（2）關于新疆軍事機構及人事問題，中央擬設一警備
　　　總司令部，如郭寄嶠兄不願任此職，則可任行營
　　　副主任或兼參謀長，惟須常駐蘭州，並擬設法使
　　　余三月一日前先返重慶。
由上兩電觀之，張部長之來新與余之東返皆已不成問
題，僅時間遲早耳。至寄嶠兄表示則願任行營副主任不
兼參謀長，經將此意電復張部長矣。至余是否三月一日

前可東返，伊犁是否願開省委名單，中央對于西北軍
事、政治、人事是否即照張部長所說均不致更改，且待
事實之表現。

2 月 14 日　星期四

我軍于八、九兩日在南疆卡群附近卡木沙又獲勝
利。蓋上次莎、澤、葉三縣匪被我擊潰後，集結于卡木
沙，約一千五百人，頑強抵抗。我追擊騎兵關團初未能
得手，後由李高級參謀率砲兵趕到，猛烈砲擊，匪勢不
支，匪人被我擊斃二百餘人，俘虜一百餘人。是役完全
得于砲兵，且係新近由迪化開往者，我們到新一年半以
來，用砲兵在南疆剿匪尚屬初次，此乃郭副長官調度有
方，有以致之也。現在大雪封山，蘇聯不易接濟土匪，
乃我南疆剿匪最好之時機也。

2 月 15 日　星期五

上午十時主持省府會議，焉耆區所屬和碩設治局改
為正式縣，仍名和碩。該縣係和碩特盟旗所在地，設治
以久，理應改縣，尤為選舉便利起見也。午後二時接見
呼圖壁、南山、綏來、東山被匪裏脅之投降哈薩克代表
十二人。該頭目等昨年曾來迪化出席會議，大半與余見
過面的，故此次放膽前來。據云匪方內幕如下：（1）
人心不安，塔、伊兩區頭目多遭逮押，因此各族頭目漸
生恐懼，多願向我投順；（2）偽軍幾人共一槍，強徵
人民當兵；（3）人民擔負太重，發行偽公債、偽鈔票，
人民不信仰，且施百分之十重稅；（4）偽方糧食尚可

勉強應付，其最困難為馬料，故馬多瘦弱不堪，不能應
戰。人民渴望和平，匪方所行暴政，我行仁政，人心向
我是毫無疑問的。

2月16日　星期六

　　張部長文白前電劉特派員轉詢伊犁方面不便提出省
委名單之原由，十三日經劉特派員將此意通知蘇領轉達
伊方。十四日午後，蘇領復告劉特派員稱正欲發電去
問，適接伊犁來電說明不便原因，在于簽字條文之第
九、第十兩條。彼方對第九條省府改組事不滿意，第十
條關于民族部隊猶未商定，故不便將名單提出云云。是
匪方毫無誠意，益為明顯，而張部長太忠厚，至今不明
對方心理，一再委曲求全，可以說是單相思必無結果，
不但失威信，且恐遺誤事機。蘇聯對新疆決不放鬆，志
在必得而後已，倘我們不覺悟、不積極，準備將成外蒙
第二也。奈何、奈何！新疆民族雖複雜，而內容並不複
雜，其如自家（中央）鬧成複雜何？反之，對于蘇聯外
交複雜而曲折，而一般人以為不複雜，不能不說觀察錯
誤，因此新疆真是危險。

2月17日　星期日

　　老同志、老朋友葉楚滄先生于十五日晨在上海病
故，葉先生一生革命，性情和平，善長文字，出身報
館，曾任江蘇省主席及中央黨部秘書長、部長等職，現
任國府委員、立法院副院長，與余曾在民立報館同事，
嗣在中央彼此亦時相過從，感情素洽，今聞去世，悼痛

殊深，當即去電弔唁，並慰問葉夫人。

2 月 18 日　星期一
對於新疆和戰之我見

以現在我軍事之佈置，與士氣之旺盛，人心之悅服，敵人正是兵困馬瘦之時，是我反攻烏蘇唯一良好機會。倘至秋夏之交，和平仍無希望，敵人準備完成，向我發動攻勢，勝則佔領迪化，敗則退守伊、塔，是勝敗伸縮自如。我方以毫無伸縮餘地之迪化，為軍事、政治、經濟及一切之重心，萬一綏來失利，迪化不守，全疆瓦解。現在急盼張部長來新繼續談判，于最短期間達成和平之目的，否則打人不如先下手，立即反攻烏蘇，粉碎敵人秋季攻勢之企圖。萬一蘇聯出兵干涉，正好趁此揭破中蘇外交不生不死之僵局，如我能將新疆明朗化，必可得國際之同情，何況世界民主與共產將至決鬥之時乎。總之無論如何計劃，如何談判，必須準備隨時能攻能守，確有保衛大迪化立于不敗之充分力量，此乃刻不容緩急要之圖也。

2 月 19 日　星期二

中央既決定改組省政府，而遲遲不實行，我請回渝述職不准，貢獻意見不納，弄得夜長夢多，無所適從。我對國家、對地方、對朋友、對領袖，責任已盡。

2 月 20 日　星期三

日本投降後，我全國（除東北在外）繳械日軍計卅

七個師團、十一個獨立旅團、廿個警備隊、四個方面軍
司令部、九個軍部，計一三一萬七五九七人。再將日僑
計算在內，總計二○九萬一○八一人，擬一律送回日
本。因輸送力不足，一年可完成。此等日本軍民在中國
耀武揚威、養尊處優、姦淫焚掠，無所不為，慘殺我無
辜同胞，其數目無法統計，言念及此，令人髮指。不過
數年，彼等皆為集中營囚俘，而彼日本全國土崩瓦解，
都是自作自受，自食其果。我同胞寬大為懷，本不念舊
惡之偉大精神，與夫同文同種之關係，予以自新覺悟之
機會，期望將來攜手共享太平之福。

2月21日　星期四

大家都知道省府即將改組，各機關工作無形鬆懈。
我非常著急，到現在為止，還得不到絲毫消息。昨午後
鄧、盧、佘三廳長來見，均主立即逕電總裁請示，故于
昨夜去電，略稱信擬二中全會來渝出席，並面陳西北大
計。如何？敬乞電示祗遵云云。另電張文白兄，請其設
法促成。

2月22日　星期五

昨日接見九十二歲老人大阿洪依明先生，今午特約
午餐。老人係維族，生長于距吐魯番九十華里鄯善縣屬
札巴（札巴者是神地意）地方。據云去年來省晉謁主
席，因主席赴渝，等候廿餘日返家，以心願未了，決定
今年來拜年。不料八十五歲老妻病故，遲至現在纔來，
但恐主席地位太高不見平民，今果得見，心願了矣。此

老眼明耳聰，牙齒全落，食量甚佳，他說一生不多用心，而睡眠好，尤其生長空氣好的鄉間，又是貧苦人，所以能長命。余送他茶、糖、旅費等等，他非常歡喜。他很多神話與夢話，年老人大多如是也。

2 月 23 日　星期六

　　許教育長蓮溪父喪（六十六歲），今晨開弔，余親往致祭。視察女子學院被焚之房屋。該院有大樓兩坐，工堅料實，規模宏大，經數年之經營，始克完成，亦迪化有名之建築。因昨年迪化軍事吃緊，第廿九集團軍借該大樓為司令部，不料毛爐失慎，兩個大樓焚去四分之三，良可惜也。李總司令鐵軍現正調軍工修理，惟工程浩大，非短時間可以完成，然李總司令之熱心與負責，誠可佩也。毛爐就是蘇聯式大壁爐，最易起火，每年必須整理，且須隨時注意，方可免禍。迪化各機關都用此爐，很溫暖，耗煤炭，省政府每年冬炭費數字甚大。

2 月 24 日　星期日

　　我國抗戰勝利後，最困難事件有：

（一）復員。因經濟、交通、社會種種都已破壞，人
　　　民不易還鄉，軍隊不易編遣與安置，地方治安
　　　更不易恢復，因此人民仍日在顛沛恐怖。而通
　　　貨澎漲，物價高漲，人民更無以為生。我對受
　　　難同胞，寄無限之同情。

（二）共產軍佔據很多地方，不受政府命令。經各方
　　　人士及美國之調處，召開各黨派政治洽商會，

與軍事三人小組會（美國人亦參加）。前者經
討論三星期之久，雖有結論（國民政府改組，
容納各黨派召開國民大會），尚待實施。後者
軍事困難重重，仍在會商中。

（三）對蘇外交。去年八月中蘇簽定友好條約，我國
最大犧牲，允許外蒙獨立，南滿、中東兩鐵
路之共管，大連、旅順大半主權之讓與。不
料蘇聯佔據東北後，不但不履行條約撤兵，且
組織所謂東蒙共和國，又在控制區內組織共產
黨部隊達卅萬人，共黨要求東北為自治區。至
于西北自伊犁事變後，匪方在蘇聯支持下成立
所謂東土耳其斯坦共和國，已一年有餘，張部
長來新談判，迄未解決，前途未可樂觀。至今
日東北、西北嚴重之局勢，已引起國內及國際
人士之注意，國內外各大報紙紛紛撰文論述，
重慶各學校學生二萬餘人遊行呼號，其他上海
各地學生、人民即將繼起，都是要求蘇聯遵約
撤兵，要求共黨以國家民族為重，不可將東北
之國際問題變為內政問題。蓋東北資源已經開
發，其重工業佔全國百分之七十，西北資源蘊
藏甚富。如我不能掌握生命線之東北、西北，
則我國力將守黃河以南，長江流域亦隨時可受
威脅，且足使我復興與建國皆成泡影，我們絕
對不能退讓，就是訴諸武力亦在所不惜。何況
東北、西北有關國際大勢，決不容許蘇聯壟
斷，倘中國不能安定，世界亦將無寧日矣。當

前世界之安危，皆繫于蘇聯之一念也。

2 月 25 日　星期一

郭副長寄嶠昨年來迪化指揮軍事。臨行時蔣主席告郭曰，禮卿先生迭請辭職，意在以郭繼余任。嗣張文白兄來迪，蔣主席又允文白繼任主席。郭、張都是我的朋友，都是堪任主席，我當然無厚薄之分。我主張在伊犁事變談判未明朗化之先，最好由寄嶠代理，作文白之過度，對伊表示我可和可戰之姿態。不久以前，文白來電云，蔣主席已面諭其為西北行營主任兼新疆省主席。與余往返電商，擬推寄嶠為行營副主任，駐蘭州辦事，文白則常駐迪化。寄嶠深表同情。當文白上次在迪化時，余與文白談及安徽地位重要，擬推寄嶠為安徽主席。故再電文白，舊話重提。茲得復電完全同意，待余回渝商辦。蓋寄嶠乃吾鄉後起之秀，文武兼資，公忠素著，若能使主安徽軍政，必可奠定地方于磐石之安也。余深望此事圓滿成功。

2 月 26 日　星期二

阿克蘇專員趙漢奇，原係駐軍團長兼任，昨年死守阿城，使南疆轉危為安，功在國家。現該團即將調往莎車剿匪，該員不克繼續擔任專員職務，乃改任戰區長官部高級參謀劉剛夫接充。劉合肥城內人，保定軍官學校第九期畢業，性情忠厚，深知佛學，此去當可為地方造福。惟趙團長守城勳勞，余不能忘，尤以尚未能予以充分褒獎，殊為憾事。

2月27日　星期三

頃張部長文白丑宥電，「奉委座面諭，先生可回渝
述職，並出席二中全會」等因，並請代約李總司令鐵
軍、陶總司令持岳同來云云。每日思東歸，今得此消
息，真令我無限歡喜，文白幫我忙，我更是感激。正好
有軍用大運輸飛機，當即通知航空總站，如後日（三月
一日）天氣無變化即可起飛，隨即電告委座起行日期。
在赴渝期間，省府日行公文由曾秘書長代拆行，開會由
鄧廳長主席，重大事宜請示郭副長官辦理，並復張文白
兄。晚間開省府小組會議，並請郭副長官、巫參謀長參
加，交代余離迪後應注意與應辦事宜，尤其關於將來交
代之準備，重託郭副長官照料。此次郭來迪化，幫忙我
的地方太多，于我很多便利。

2月28日　星期四

自晨至晚分別接見本省及中央黨、政、軍各機關首
長及地方人士，大家都知道余此次赴渝不再回迪，都是
依依不捨，我亦無限同情。午間約空軍人員午餐，明日
余東返飛機係軍用專機，由王繩元、賈思聰駕駛。王、
賈二人均在美國留學，李昌慎司無線電，他們都是青
年，令人可愛。晚間黨、政、軍各機關首長為余餞行，
情感十分濃厚，席間很有幾位說話意極誠懇，余亦簡單
答辭。

3 月 1 日　星期五

晨起特早，新大樓送行人員擁擠不堪。七時步行出新大樓，向門外各校學生代表致別詞，勉以勤懇讀書，期作國家有用之人。七時卅分與郭副長官同車抵機場，迪化黨政軍各機關工作同志、各族頭目、保甲長等數千人，在冰雪天地之清早列隊迎候，英、美、蘇三國領事亦至。余與歡送人員一一握手道別，並對九十二歲之依明阿洪及八十餘歲之艾林木江千戶長、土洪阿吉等特致慰忱。萬眾依戀之情盪漾於四周，甚多下泣者，此情此景，余將永誌不忘。八時正起飛，同行者李總司令、王副監察使等十餘人。一路烏雲密布，飛機動搖頗劇，同機者幾均嘔吐，余幸坐於駕駛室，尚能勉強支持。十時降落哈密，賈駕駛員承認勉強飛行，幾同迷路，非常危險。在迪化機場時，因見歡送人如此之多，情緒又如此熱烈，不得不冒險起飛也。因聞嘉峪關飛候亦不佳，今日暫留哈密，住專員公署。午後接見哈密各機關主管、各族頭目五十餘人，並由李總司令陪同遊覽回王墳、蓋斯墓，及西河壩左文襄公故居等地。余所住專署昔係劉錦棠官邸，旋改為撫台行轅，安料百年之後，余亦居此，豈有緣歟。

3 月 2 日　星期六

晨九時由哈東飛，將抵嘉峪關，因前面黃沙瀰漫，折回哈密，仍住專署。下午三時接見哈密北關寺教長安棟善，年已九十五，精神矍鑠。余尊之上座，婉詢起居，彼自袖中出示佛珠一串，謂為誦經之用。回教之用

佛珠者，尚為首見。余本定昨日直飛蘭州，不意因氣候
關係留哈二日，殆為天緣。余特撥款新幣一百卅萬元，
用作救濟此間老人及難童，以誌紀念。

3月3日　星期日

　　晨八時離哈，飛行平速。十時過嘉峪關加油，陶總
司令峙岳上機同行。十二時四十分抵蘭，宿青海辦事
處。晚間張參謀長鑑桂代表朱一民兄在軍人集會所設
宴，為余洗塵。抵蘭後始悉惟仁夫人偕申叔、方叔、襄
叔，與蔣太太同機，已於昨晨離蘭飛西安轉往上海，將
即回蘇州。一日之差，未及與余在蘭話別，不勝悵悵。
文叔夫人黎如眉女士係故友黎□□侄女，今日初見，以
手錶一只、水鼠大衣一件贈之。

3月4日　星期一

　　九時由蘭起飛，十二時十分抵重慶九龍坡機場，仍
寓昨年來渝寄居之上海銀行海光樓。午後羅皓子、朱一
民、馬子香諸兄先後來會。一民謂中央對新疆軍政調整
大體雖定，困難甚多。子香兄此行係出席大會，余告
曰此次騎五軍入新，使大局轉危為安，尤因該軍紀律嚴
明，人民信仰彌深，此皆吾兄訓練有方有以致之。繼問
此次來渝有無請求，彼云出席大會外，無所請求。又
謂有兩件事，亦擬不提：（1）騎五軍入新，用去九萬
萬餘元，中央僅給四萬萬三千萬元，餘款不再請償；
（2）青海東開兩師參加抗日，勝利後呈請調回青海整
理，現中央將兩師編成一師，以馬步康為師長，擔任剿

匪，此事亦告一段落云云。余益覺子香兄心地明白，能
顧大局，令人可佩。

3 月 5 日　星期二

總裁約於上午九時卅分在官邸談話，準時往相見
後，承頻頻以辛苦為問。旋余袖呈處理新疆及西北問題
之節略，暨籌設西北企業公司節略各一份，逐條說明，
末附陳數事：

（一）新疆人事問題，不在地方而在中央，現在中央
　　　之邊疆人士，非惟不能幫助政府解除困難，且
　　　徒增政府麻煩。彼等不為中央、不為地方，而
　　　完全為自己打算。

（二）請速改組新省府，並重申前託經國帶渝之三方
　　　案。總裁問何人代理主席，余答問張部長。

（三）新省經濟須與西北經濟打成一片，西北經濟須
　　　與全國經濟打成一片，猶如中國經濟須與美國
　　　經濟打成一片。總裁頗為動容。

（四）余盛讚寄嶠兄到新後之努力，總裁笑容滿面。
　　　旋請令寄嶠回皖主政，總裁雖無明白表示，但
　　　甚感動。

（五）余個人事請總裁不必煩身，余年已老，加以心臟
　　　衰弱，不能勝繁劇，今後供總裁奔走或料理私事
　　　可耳。

談話歷四十分鐘。

3月6日　星期三

文白兄今日回渝，余往訪，聽其講述與馬歇爾、周恩來等週來巡視各地情形。旋商西北問題，渠決定任西北行營主任兼新省主席，惟主席一職擬於接任後派員代理，以資緩衝。

3月7日　星期四

晨間徐可亭兄過訪，謂各地經濟問題嚴重，糧食亦感困難。午時赴文白兄處午餐，在座在李總司令鐵軍、陶總司令峙岳、宋希濂、劉孟純等共商西北大計。余促文白兄速改組新省府，彼請代為計劃中央發表之十委員人選。對于軍事問題，余提出意見如下：（1）三個月內完成治標準備，尤重交通運輸；（2）駐新將領須做到得軍心、得民心。最後擬議：（1）西北五軍分配新疆二軍、河西一軍，青海、寧夏各一軍；（2）寄嶠任西北行營副主任，駐蘭州，峙岳任行營副主任兼參謀長，駐迪化，希濂任新疆警備總司令，鐵軍任河西總司令。以上所擬，俟請示總裁後發表。

3月8日　星期五

午間總裁招宴，在座皆為各省主席。晚應孔庸之先生餐。孔長財部兼副政院有年，維持抗戰時期財政，功在黨國。去歲海外歸來，身同退休，固不可以眼前觀人，余心如舊不稍移也。

3 月 9 日　星期六

　　到渝後即患傷風，今日上午始首次出席二中全會。
晚間李明、楊思廣兄過訪，歷述在申被俘經過。昨據文
白兄面告，伊犁方面望其迅速赴新談判，否則中央故意
拖延，無形中將使談判決裂云云。匪方態度竟至如此，
實為可恨。

3 月 10 日　星期日

　　清早李應生運啟兄來訪。彼係合肥小同鄉，清廉公
正，各方對之均甚尊重，日內擬即回皖。九時參加公祭
葉楚傖、李烈鈞、李夢庚，總裁親臨主祭。十時訪子香
兄於勝利大廈，渠謂青軍在陝西之一師，可調甘肅為文
白兄護衛，在新騎五軍兩個師悉聽文白調遣，至在青海
各部隊，亦可隨時供文白驅策云云。子香兄如此愛護國
家、擁護文白，余公私感佩。蓋料理西北，須得回教及
部隊同情，今子香兄如此表示，可謂文白已成功。中午
文白奉總裁召赴山洞，余於車中與之續談新省府改組問
題，彼仍請余先為草擬辦法。余返寓後即開列方案，當
晚送彼參考。方案中推薦陶峙岳、鄧文儀、盧郁文、鮑
爾漢、廣祿、王曾善、劉孟純、趙劍鋒為委員，鄧文儀
兼長民廳、盧郁文兼長財廳、鮑爾漢暫代建廳、廣祿暫
代教廳。方案附記特別申明數點：（1）在中央之新疆人
及在新知名之士可暫不提，俟省府大改組時斟酌辦理，
否則目前決定倘有欠善，困難必多；（2）人事問題非常
重要，可以影響外交、影響內部、影響人心；（3）中央
一般自命邊疆學者之言論切不可盡信，各方推薦之人，

如不能與環境配合，亦不可接受。

3月11日　星期一

　　晨參加總理紀念週，總裁訓詞，以自信與和平為勉。麥斯武德既經發表為新疆監察使，自不宜再兼國府委員。余以為將來國府改組，如仍須於新疆維族安置一人，則色以提艾買提議長堪以當之，今日余特將此意函呈總裁參考。接迪化寄嶠兄電，謂迪化民眾聞余離迪之訊，不及恭送，在家哭念，情至慘切。又謂窩斯滿復函要求由伊寧總洽，並對哈巴斯不滿云云。方叔自蘇州來電，告以惟仁夫人等已於本月九日平安抵蘇，甚慰。

3月12日　星期二

　　晨訪國庫署楊署長綿仲，談新省財政。彼主張卅五年度以後，中央統一新省收支，必先整理幣制、取消比率，一面節約支出，接近平衡，其不足之數仍祇有出於中央補助云云，與余平素主張不謀而合。蓋中央處理新事，應為國家百年大計著想，目前中央不得不勉力負擔，將來自能補償也。

3月13日　星期三

　　張部長文白兄定今日向大會報告邊疆問題，余事先向其提供意見，謂外蒙是共產主義與王公活佛鬥爭，內蒙是盟旗制度與省縣制度鬥爭，新疆是共產青年與宗教阿洪鬥爭，關鍵則在如何應付蘇聯外交與共產黨。午後訪子香兄，並晤馬師長步康及馬廳長紹武。余與子香暢

談西北經濟，提及所擬籌設西北企業公司，將來如能實
現，希望青省參加，如不能實現，希望青省自籌辦法，
藉為青省經濟謀出路與發展。子香兄謂青省存儲羊毛皮
張甚多，羊毛有一千萬斤，其他麝香、鹿茸亦不少，擬
運銷外省，惜無人經手。余即介紹文叔幫忙。

3 月 14 日　星期四

上午、下午均出席全會，先後與陳辭修、張文白、
宋子文等談話。關于寄嶠兄回皖事，辭修謂寄嶠為治邊
人才，若令離新，將使文白內容空虛，為文白打算，為
新疆打算，此時寄嶠不宜離新。將來如能離時當為注
意，使其主皖，惟中央如調動李品仙，必需白健生有所
表示云云。文白兄謂今晨總裁面囑迅速赴新，擬先發表
張為新省主席後，本月二十日左右張即可啟程云云。

3 月 15 日　星期五

上午九時出席全會，通過例案多件。今午有五處應
酬，辭去二處，到三處，都是很貴的酒席，值此民不聊
生，而中央如此請客，我心實在不安。訪李石曾先生，
不晤面已數年矣。彼此暢談哲學，他說蒲魯東的真共產
主義，與馬克斯的假共產主義不同之處，一個是不奪取
政權，是自由，一個是奪取政權，是專政。

3 月 16 日　星期六

上午九時出席全會，主席團報告總裁指示，戰事業
已結束，國防最高委員會應即撤銷，恢復成立中央政治

委員會，其組織及人選由總裁提請常務委員會決定之。
決議國民大會本黨應出代表二二〇名，以一百五十名分
配于中央委員，以七十名分配于非中央委員。午後三時
再出席大會，選舉卅六名常務委員，又選舉國民大會
代表一百五十人，均由無記名提票。表面確係民主，
內容確仍受組織的操縱，不知人民之痛苦、國勢之危
急，可嘆。

3月17日　星期日

　　午十二時兆麟與劉女士舉行結婚典禮，請羅佶子先
生證婚，余亦前往參加，典禮簡單隆重。蓋兆麟六歲亡
母，由伊姐麗安撫養成人，由小學、中學而至大學畢
業，現又為彼辦理婚姻大事，受盡辛苦二、三十年，真
可謂已盡為姐之道。

晤青年黨

　　午後青年黨首領曾慕韓（琦）偕該黨主任秘書劉東
巖君訪，談三時半，留晚餐。彼等主張國民大會治憲後
即行憲，託余向蔣總裁說話。茲將上總裁信大意書後：

　　曾參政員琦本係素識，偕劉東巖君來訪，談三小時
半，備述其政治協商會中努力維護本黨經過，並云今後
青年黨決本過去精神贊助國策。關於該黨最近參加國民
政府委員之態度表示三點，屬為轉達：

（一）中國青年黨須保持第三大黨之地位，對於國府
　　　委員名額之分配，宜以此為標準。

（二）中國青年黨對于委員名額，只能承認至多少于
　　　共產黨一席，須高于民主同盟一席（即中共七、

中青六、同盟四、賢達三）。

（三）共產黨擬聯合民主同盟保持十四席，即保有否
決權，青年黨不贊成。

又曾君希望晉謁鈞座云云。

3 月 18 日　星期一

上午九時出席中央紀念週，蔣總裁主席，並訓話。
大意：（1）關於東北問題，必須與蘇聯外交談判，在
蘇軍未撤東北之先，決不與共產黨談判東北問題；（2）
關於民族問題，總理主張聯合漢、滿、蒙、回、藏成
為國族，決不容分離，為他人利用；（3）關於黨務，
新當選之常務委員要以身作則，不可當常委後就不革新
了。蓋此次之當選常委，很多是革新運動派之少壯者。

3 月 19 日　星期二

關于張文白兄任新疆省主席，今日行政院會議尚未
發表。據文白兄云，總裁主張文白到新後再發表。晚八
時總裁招待余及傅主席作義、孫主席連仲、王主席東
原、薛長官岳、陳部長辭修、張部長文白等十數人晚
餐，蔣夫人亦出席參加，對余招待殷情，深為感謝。餐
後，總裁約余與文白談話，其大意如下：（一）總裁
首先詢余，文白赴新好麼？余曰甚好，是很辛苦的；
（二）文白報告主新方針，約十多分鐘；（三）余曰當
前應計劃保衛大迪化，總裁連曰很對、很對；（四）余
曰要速改省府，文白曰俟和平談判成功再改組，余曰速
改組好辦事；（五）最後余問總裁，關于曾慕韓事所上

之函，總裁曰已看過，余又曰曾並主張國民大會治憲後
即應行憲，並請總裁約曾見面；（六）就余觀察，新省
主席原定今日發表，為何停頓，使我不能即時擺脫，殊
為焦急。

3月20日　星期三

　　馴叔讀書甚有進步，據云中央大學風氣太不好，所
有同學大半不讀書，專在課外作開會與社交以及政治之
種種活動，學校環境很不易應付云云。現在道德淪亡，
青年不知利害，都是作時代犧牲者，良可惜也。

3月21日　星期四

　　貴州楊主席「森」有志邊疆，特來晤談，並上蔣總
裁治邊意見書，託余代呈，其中有採納之處甚多。綏遠
傅主席作義抗戰有功，現在地位與責任均頗重要，惟因
困難重重，擬呈請辭職，來余處晤談，切託余代向蔣
總裁進言，余加以慰留。蓋綏遠接近外蒙、察哈爾，復
為共軍佔領，該兩方面均受蘇聯支持，綏遠後方又極困
難，當然不易維持也。

3月22日　星期五

　　曾慕韓約午餐，有白健生、黃季寬、黃旭初、李品
仙、傅作義、羅卓英、于孝侯等在坐。會同陳果夫、羅
佶子、張文白等函請中央常務會議，介紹周昆田任國民
大會代表，但只有七十名額，謀者甚多，能否成功，
尚無把握。蘇州來家信，惟仁夫人等六號到滬，九號到

蘇，因自家住宅破壞，不堪居住，特借住梅家。惟修理
費太貴，只得暫修數間，擬十七日遷入自宅。園中甚荒
蕪，桂花樹損失甚多，亭子、假山尚完好。現在國難未
已，一般人困苦不堪，我家人有屋居住，而抗戰數年中
人口平安，應該滿足，應該感謝上帝。申叔已于十五日
進入蘇州樂群中學初中二年級第二學期，該校址在公園
路，離家不遠，聞之非常歡喜。

3 月 23 日　星期六

張文白兄轉總裁語，擬俟國府改組，任余為國府委
員，余甚感激。蓋政治協商會決議，將來國府改組，委
員名額增至四十人，國民黨員二十人，各黨各派及無黨
無派共二十人。果爾，則國民黨一黨專政勢必結束，則
國民政府在憲法未宣佈、未實行之先，其職權將高於一
切矣。現在共產黨要求如東北問題不能解決，則過去政
治協商會與三人小組會決議案未便實行，且雙方對于東
北意見相距太遠，不易妥洽。從前召開政協會之先，聲
明東北除外，嗣共產黨在蘇聯佔領東北，得蘇軍幫助，
成立號稱三十萬大軍，要求政府承認及共產黨在東北政
治地位。

3 月 24 日　星期日

張文白兄原定廿一日飛新疆，因與共軍三人小組會
尚未結束，而東北問題又相當嚴重，必須文白負責洽
商，且文白將親往東北一行，因此赴迪之期將延至下月
初旬，但隨往人員已開兩次專機先飛迪化矣。即盼文白

早日到新，余得早日解除責任，已拖延數月，還無解決
確期，真令我焦急，大感不安也。

3月25日　星期一

上午九時至國民政府出席中央紀念週，蔣總裁主席
並訓話，歷時四十分鐘。其大意：

（一）經濟。大家都憂慮通貨澎漲，其實準備充足，
　　　何足為慮。至糧食雖嚴重，如將浙江、福建、
　　　江蘇、江西等省糧食辦理得宜，足可應付。

（二）軍事。經整編緊縮，番號減少，而內容裝備確
　　　已加強。

（三）黨政。必須團結一致，以身作則，此次革新運
　　　動務必革新，萬不可徒有其名。

李洽和（烈鈞）先生係老同志，曾在西南同事，感情素
佳，在渝去世，將運回江西原籍。余特于上午十時親往
李宅弔唁，並慰問李夫人，並送奠儀五萬元。

3月26日　星期二

安徽主席李品仙氏不洽輿情，皖人群起攻之，宣布
李氏貪贓枉法，在渝皖籍學生數千人奔走呼號，並向二
中全會請願，最近旅外皖同鄉又向參政會請願。今晨皖
省參政員馬景常、翟純（粹廷）、吳滄州、光明甫、陳
鐵（血生）、劉真如、金幼軔、奚東曙諸君來見。伊等
表示已向參政會及政府提案，請將李氏撤職查辦，要求
余向政府說話。余表示同情諸鄉人，並為諸君之後盾。
晚間八位參政員約余及馮煥章、張文白、衛立煌會餐，

仍為反對李氏，余等一致表示向政府進言。

3 月 27 日　星期三

上午九時約劉處長孟純，他是文白兄處負機要責任者，他將任西北行營秘書長。因文白事忙，特告劉于文白到新後應注意之事件：

（一）邊疆民族知識落後，視權力為轉移，誰有權位就聽誰人的話。如麥某等現雖表示反蘇，但東土爾其斯旦旦思想決不放棄，如中央予以崇高位置，則將藉此運用人民、掌握人民，而人民無知，必為所動。再加蘇聯種種誘惑，贊成其主張與其領袖之地位，則麥等必由反蘇而親蘇而獨立，則新疆亡矣。若過去盛晉庸雖得蘇聯支持，主新十年，最後蘇聯要求盛氏脫離中央，宣布獨立，盛氏以國家領土為重，反而脫離蘇聯擁護中央，因盛是漢人，認識國家民族之結果也。

（二）西北經濟問題。

（三）倪世雄擬往新疆服務事，以及現在新疆工作、蒙藏訓練班諸學生請文白關照事。

（四）郭寄嶠與文白感情素佳，但時久同駐迪化，似不相宜，最好郭能早到蘭州辦事。

文白兄午間來電話，伊犁代表已于廿五日到迪化，伊必須前往以維信用，已面請總裁准予辭去三人小組會責任，東北之行亦作罷論，擬日內飛新云云。文叔本日（廿七）由蘭起程赴西安，經隴海、津浦兩路赴滬。

3月28日　星期四

清晨訪張文白兄再談新疆事，並促其迅速改組省府。伊決定明日起飛，擬在蘭州耽擱兩天，大約四月一、二日可以抵迪化，余當即電告迪化省府準備接待。午十二時，余與馮煥章、張文白、衛立煌四人在馮家共宴安徽省參政員，大家堅決反對李主席，必須達到目的而後已。朱一民兄晚間來談，彼此認為現在最不好現象，就是中央與地方之高級文武官吏紛紛辭職。一民兄云俟蘭州第八戰區司令部交文白後，即將赴滬休養，言下甚為消極。伊在西北十數年，當然功多過少，得此次調中央結果，而各方又多批評，當然心中不快也。余與一民兄同事新疆一年有餘，彼此感情尚好，計談話一小時半之久，這是我二人到重慶首次長時間之談話。

3月29日　星期五

張文白兄偕夫人及劉文龍先生等今晨九時飛蘭州轉迪化，余與兆麟、光叔到九龍坡送行。醞釀數月新疆軍政之改組至此告一大段落，現即待發表改組省府正式命令。文白、寄嶠二人都是我的好朋友，茲為慎重伊二人感情計，特電彥龍轉告寄嶠余之意見，略謂「寄嶠將來前程極為遠大，目下與文白相處，必須注意融洽，于公、于私均有裨益。」

3月30日　星期六

國民政府昨晚發布命令：「新疆省政府委員兼主席吳忠信另有任用，所遺新疆省政府主席職務派張治中兼

理，此令」等因。當即電迪化省府曾秘書長，俟張新主席到迪化後，立即辦理交代，並將辦理情形隨時電告云云，惟各廳處之改組有待，恐須于伊犁暴動人民代表此次談判結果後方可發表也。余主新一年有半，日在剿匪紛亂中工作，但在政治方面收穫甚大。如應辦的事、應盡的心，無不誠惶誠恐，竭力做去，自問對國家、對地方、對自己，亦無不心安理得。昨年九月間烏蘇淪陷，迪化危在旦夕，所以能轉危為安者，由于上帝之保佑、青軍（青海騎兵第五軍）之增援、人民之擁護，余之老命與老面孜得以保全者，亦在此也。曩者發表余主新之先，曾一再向總裁聲明無把握，堅辭不願前往。嗣總裁勉以「你去人家相信，人家不怕」等語，余始拜命。余以天理、國法、人情為治新方針，一面積極謀地方之安定，一面解放數千人民出獄，不料蘇聯搗亂、伊犁暴動，致使種種計劃受其阻擾。今者既須與蘇聯及伊犁暴徒妥洽，則余不得不堅請辭職。余向來主張甘、甯、青、新四省必須結成一體，黨、政、軍必須一元化，中央派張文白兄為西北（管轄甘、甯、青、新）行營主任兼新省府主席，切合我心。且張氏主新係出自余之推薦，而張氏又與余之感情甚深，對于余治新之主張必能採納，若然，則新疆前途大可樂觀也。

3 月 31 日　星期日

昨晚衛俊如（立煌）來談。余曰你在革命軍人中已大露頭角，揚威海外，為將來、為國家負大責任計，應多多加以休養。又余將東返，惟南京住屋難覓，衛約余

住伊南京公館。余準備東返，正待馴叔放假同行（中
央大學提前放假，遷校南京），仍一面等待迪化省府交
代，以清手束。

4月1日　星期一

　　余民國廿八年赴藏，卅年、卅一年兩次赴西北，共作詩八首，此次主新作詩五首，一併書後，以留記念。

入藏途中抱病

　　　西藏高原氣候寒，長途抱病苦登攀；

　　　此行本具安邊策，生死從來付等閒。

去藏東歸

　　　此來圓滿東歸去，全藏人民信佛深；

　　　遍野荒山無一物，有心有願作甘霖。

重過喜馬拉雅山

　　　世界高峰喜馬拉，征人過此苦辛嘗；

　　　原來都是中華地，寄語同胞莫善忘。

破例

　　　四十餘年不作詩，今朝破例偶為之；

　　　回思韻目多忘卻，說與君知君莫嗤。

以上四首係民國二十八、九年間赴西藏所作。

塞上吟

　　　披星戴月去陽關，塞上風霜刺骨寒；

　　　阿爾泰山雲在望，祗知建國不知難。

登嘉峪關

　　　漢唐文化西流徑，多少英雄度此關；

　　　萬里無雲天一色，挽回綿繡我河山。

以上二首係民三十冬赴甘、甯、青所作。

嘉峪關飛迪化

朝辭嘉峪西飛去，阿爾崑崙萬里長；

大地資源須墾發，青天白日遍新疆。

遊終南山

名山勝蹟久思遊，古木參天曲澗流；

秦嶺終南相映照，老僧拜佛自悠悠。

以上二首係民國卅一年夏赴陝、甘、甯、青、新所作。

以天理、國法、人情為治新方針

黃沙白骨經千劫，顛沛流民實可悲；

我主新疆情理法，願憑三字定西陲。

建議新疆分為四省（山南、山北、崑崙、安西）

建議新疆分四省，山南山北又崑崙；

安西從此安磐石，立馬天山見故人。

召集新疆省首屆省參議會

宗族十四本同源，文化交流兩漢前；

團結一堂商大計，自由平等樹民權。

哀伊犁

殉國軍民幾萬千，英風義烈壯三邊；

最憐雪裏無辜骨，公理何存欲問天。

民國卅三年十一月七日，伊犁猝起暴動，殘殺無辜老弱婦
孺，塔城、阿山亦相淪陷。此詩為伊犁暴動一週年而作。

別新疆

洽和宗族尊宗教，濟弱親仁與善鄰；

今日別離何所贈，祝君永作太平民。

以上五首係在新疆所作。

4月2日　星期二
辦事必須認清理論與事實

　　無論辦什麼事，要將理論與事實分清。開始設計，須注重理論，及至施行，則須注重事實。設計是因，施行是果，當今之士往往因果相反，小則誤己，大則誤國。

4月3日　星期三

　　當前最大危機，就是疾奔通貨澎漲，與生產陷于停滯，因此物價無止境猛漲。多數工人與公務員日在饑餓，少數人握有物資，過著極端奢侈生活。美國報載「上海在跳舞，中國在饑餓，又云中國千百萬嗷嗷待哺的饑餓人民，但在上海制造許多物品，卻比美國需要更多代價，因此許多工廠關了門」。現在挽救的方法，必須將封建的與奸商的剝削制度從速廢止，必須中美經濟確確實實結成一體。否則中國整個社會經濟必定崩潰，是毫無疑問的。

4月4日　星期四

　　文叔來電，上月廿九日抵西安，承陸局長福廷幫忙，于二日乘火車赴陝縣（陝縣過去有一段鐵路，因戰事破壞，尚待修理，故須用汽車接運）。今日係四月四日兒童節，又陰曆三月三日，兩節相逢，天氣清和。偌子來暢談。是余到重慶後，身心最舒適之一日。彥龍昨日（三日）來電，張新主席因迪化氣候不良，未能起飛，現尚留哈密。

4月5日　星期五

張文白兄來電，昨日（四日）午後抵迪化，當即復電慰勞。午後伍時偕張維漢兄（雲貴監察使）訪龍志洲（雲）兄。龍主持雲南軍事、政治將二十年，聲威赫赫。昨年中央將龍氏調任軍事參議院院長，免去其雲南軍政各職，龍氏心中當然不悅。但為龍氏個人計，服務中央，藉以休養，亦是很好機會。余與之暢談邊疆風俗習慣，以及余治邊所得之經驗，龍氏聽之，甚為愉快。計談半小時，盡歡而散。

4月6日　星期六

有人批評盛晉庸之作風與個性

民國廿二年，盛氏假外力囊括全疆，隙自我開，蘇始入室，侵假而操縱我經濟，而屯兵我哈密，而煽惑我人心。盛氏長于思考、強于果決、明于運用人性之弱點，依赤俄而又懼其勢張，倡異端而又恐人之去己，苟患之無所不至，故以恐怖悚人心，以縲絏鞏獨裁。十餘年來，民怨殷深，元氣耗損。

4月7日　星期日

迪化來電，張新主席文白本晨召見各廳委商討事務，比面示即日接兼主席職務，並派劉孟純代理秘書長，至整個省府之改組，則尚須稍待云云。昨日省府各廳長、委員已分別電國民政府及行政院，請速改組。

4 月 8 日　星期一

此次皖人大規模反對李主席品仙，而李氏近仍毅然返皖，因此皖人更加憤慨，擬約在渝同鄉聯名上書蔣主席罷免李氏。今晨復推陳紫楓、羅北辰、牛秉琨、彭為云四人前來重申經過，請余署名。余很誠懇很直爽答曰，我當然同情安徽人，就是政府亦不致厚于廣西人之李品仙，而薄于全體安徽人。政府對于安徽之軍事以及一般政治關係，不能沒有顧慮，我們原諒政府苦衷，我既深知政府環境，自不便署名請求，即署名，亦不能即時發生效力。我判斷李氏一定離皖，此不過時間問題，我一定負責向政府及廣西領袖之李德鄰、白健生說話。彼此談話一小時，彼等十分諒解，歡喜而散。

4 月 9 日　星期二

昨午後四時青年黨領袖曾慕韓來訪，有二事託余代為面呈蔣主席：

（1）認為國民黨在國內外側面工作不夠，彼擬俟國民大會後，出洋代為宣傳。

（2）大家認為國民黨此時需要與各黨派合作，恐國民大會開會，治定憲法，再召開正式國會，選舉總統。然後國民黨實行一黨執政，丟開他黨，因此該黨大家懷疑。

余答曰，第一點所見很對，將來出洋是容易的事。第二點，國民黨素來重感情，不欺人的，並歷數國民黨在歷史上吃虧之經過，決不致遺棄他黨。計談一時半之久，並允將此意面報蔣主席。

4月10日　星期三

蕭紉秋兄寄居廣西，他的女公子伯榮、男公子貽蓀
均在重慶中央大學讀書，女公子刻已畢業，即將赴桂。
彼等在渝，余常代向蔣總裁請求補助學費，余亦盡力予
以接濟，近一月來，先後接濟彼等法幣拾壹萬元。余力
量有限，此亦不過稍盡友誼之道也。張國書表侄棺柩，
今日由永興場運到重慶江邊，改用木船轉運，預計一個
半月可以抵蕪湖。自國書故後，余對其棺柩極為關心，
今得圓滿解決，慰甚、慰甚。

4月11日　星期四

郭寄嶠副長官既調西北行營副主任，以在軍人地位
言，甚為崇高。伊已于昨日（十日）由迪化飛蘭州，主
持行營事。至張文白兄，以行營主任兼理省主席，暫留
迪化，處理新疆軍政各事宜。這是我從中運用之成功，
尤其注意彼二人感情，彼二人都是我的朋友，此次彼二
人都能各得其所，我是非常高興的。蓋寄嶠于去年九月
上旬迪化危急存亡之秋，飛抵迪化，積極調整軍事，使
迪化轉危為安。今年春進剿南疆土匪，迭獲勝利，更能
幫助省政府，使我佩慰無已也。

4月12日　星期五

近一個月內有三次大飛機失事。

一、軍統局戴笠一行十三人，乘軍委會運輸專機，由
　　青島飛南京，因氣候惡劣，穿雲下降，不能覓得機
　　場，因而碰山，人機全燬。

二、一百三十九號中國航空公司飛機，由渝飛滬，至鄂境當陽附近，因載重，又遇氣候不良，至該機失事，乘客二、三十人多是銀行界人。

三、本月八日，中國共黨中央委員王若飛、秦邦憲（此次來渝出席政治協商會代表）、前新四軍軍長葉挺、葉夫人李秀文、女楊眉、男葉九、中共出席國際勞工會議代表鄧發等中共要人十三人，另美籍駕駛、機務四人，乘美國專機由重慶飛延安，飛過陝境，遇大雨，迷失方向，在山西興縣附近強迫著陸，油箱失火，人機全燬。

查飛機失事，其原因有以下數種：（1）測量氣候不準確；（2）空中、地下聯絡不準確；（3）事先檢查機件不精細；（4）超過所載重量；（5）駕駛技術不精良，與夫乘客要人亂作主張。上項種種原因，必須整頓，必須改良，纔可保全乘客生命。

4月13日　星期六

外事局副局長汪世銘兄午十二時在勝利大廈約午餐，麗安、光叔均同往，在坐有偕子、明甫、東曙諸兄。文叔來電，已于真日抵南京。查文叔于三月廿七日由蘭州起程，廿九日到西安，四月二日再由西安繼續東行，十一日到南京，計行十五日。其交通之困難可以想見，尤以途中不平安，行旅裹足，今能安全到達，自屬不易之幸運。

4月14日　星期日

中央社消息，西北行營副主任郭寄嶠于離迪飛蘭途中，以氣候阻礙，曾在嘉峪關留兩日。于十一日晨東飛時，座機發生故障，被迫降落，郭氏頭部受微傷，兩隨員受傷頗重。十二日續飛抵蘭後，即入醫院調治。聞之深為懸念，當即去電詢問實際情形。

4月15日　星期一

鄒海濱先生約午餐，在坐僅馮煥章、衛俊如及我等三人。鄒雖粵人，于革命過程中與安徽人關係甚多，茲因安徽人反對李主席品仙空氣日緊，擬出面調解，特詢余三人意見。余首先申明有安徽人之立場、中央之立場、廣西朋友之立場，因此說話有許多不方便地方。我同情安徽人，是必然道理。又說明此次皖人反對李氏出于全體，必須達到目的而後已，如無適當辦法，將來（五月間）召集國民大會時，皖人必有大規模之表示，其結果安徽地方吃虧，廣西榮譽掃地，豈不是兩敗俱傷。馮先生說與吳先生意見是一樣的，衛先生亦說許多話。鄒曰不知政府意見如何？余曰其關鍵不在政府，而在廣西人本身之覺悟。鄒曰擬向白健生進言。余曰可以不必說我們三人意見，使他誤會，我與健生亦是很好朋友，我亦擬向他進忠言。

4月16日　星期二

本日午後四時劉詠堯同志與鍾光儀女士在勝利大廈舉行接婚典禮，余與偕子先生親往道賀。中央大學暑期

考試業已完畢，提前放假，準備還都。麗安等特往中大接馴叔回來暫住冉家巷，一俟交通工具接洽妥當，即隨余等東歸。張秘書世杰由迪化經蘭州，于本日飛抵重慶，晚間來見，報告迪化近情甚詳。

4 月 17 日　星期三

郭副主任寄嶠由蘭州來函。大意：

一、張文白公抵迪後，軍事方面隨即移交竣事，省府方
　　面經一再敦促，始准先行視事。

二、嶠十日迪起飛，過酒泉，因氣候不良停酒泉。于
　　十一晨東飛，甫飛起約百公尺左右，右發動機突生
　　故障，機身傾覆，幾經掙紮，終于機場外墜地。全
　　機前半部摔毀，機內人物立為傾出，大部昏死，駕
　　駛人員亦負重傷。嶠堅握窗孔，未為摔出，頭部于
　　機身下墜時撞傷五處，約一週後可痊復外，其餘身
　　體各部均好，神精毫無刺激。當時死空軍二人，隨
　　員多負傷，但無生命危險，昆田岳母隨行，亦負輕
　　傷，刻均留酒泉醫治中。蘭州空軍聞訊後，派小機
　　接嶠，于十二午抵蘭州機場，甫行著陸，輪胎又爆
　　一個，幾又翻毀，嶠仍幸無恙。綜合兩日危險，身
　　體毫無損失。抵蘭後，因交接（八戰區與行營）均
　　陷停頓，故仍照常辦公。頃承電問，謹以奉聞。

三、迪化談判于嶠動身時，略陷停頓。名單（省府）尚
　　未提出，匪方要求先行解決軍事問題，共要求成立
　　騎兵十團、步兵三團，除哈密外，各地均須駐兵，
　　予文公相當打擊，爾後情形不明。文化服務團與國

　　大代表兩案，均為麥、伊等到迪後，假匪代表名義
　　推翻，輿論極不同情。
四、省府我方名單曾經一再討論，均先送麥、伊及匪方
　　徵取同意，前途益為可慮。
余復函大意如下：
寄嶠老弟：
　　接奉手書，藉悉飛機遭險，殊為驚動，幸吉人天
相，履險如夷，曷勝忭慰。古人云大難無恙，必有後
福，將來鴻福無量，可預卜也。此間各機關正籌備還
都，本月廿五日後，國府、行政院及軍委會等各機關將
在京辦公，信亦正設法交通工具，即將率眷東歸（大約
在下月上旬成行）。想老弟不久當赴南京，再圖暢敘也
云云。
總觀新疆，目前就可苟安，但損失太大。然將來危險，
大可慮也。

4月18日　星期四

　　方叔如能照原定計劃歸田最好，否則只好暫就小
事，以資糊口，故特請奚東曙君在京、滬、蘇等處代謀
一事，奚允幫忙。奚夫婦今晨飛滬。上午九時訪朱一民
兄，伊足疾復發，臥床已一星期，因政府即將還都，故
自廿五日以後，所有在重慶之文武機關，統歸朱管理，
須俟各機關完全遷移後，朱之任務始完畢。至將來如設
重慶行營，或即朱任行營主任，亦是順理成章的事。前
次昆田來電，轉據鄧廳長翔海云，何雪竹、陳果夫推薦
伊為湖北民政廳長，託余幫助。惟最近消息，鄂民廳長

暫不更動，經與雪竹晤談，向萬主席耀煌推薦翔海為鄂
省府秘書長，似有希望。當即電告昆田轉告鄧氏。

4 月 19 日　星期五

小魯、昆田來篠電謂現正待機東飛，省府及保安司
令部移交均在融洽空氣中進行。又廣祿（社會處長，錫
伯族）、華聲慕（民廳副廳長，維畏爾族）擬請余與文
白會銜向中樞薦，俾在立法院等機關予以位置。廣、
華確係擁護中央，忠實主義，他們是反對伊犁暴動，不
贊成麥斯武德等大土耳其主義。現在既要伊犁暴徒談妥
洽，復邀麥等入新工作，在廣等于公、于私均必須離開
新疆，此必然之勢也。余俟文白電到後，即將向中央進
言。從此新疆之紛擾，亦必然之勢也。麥斯武德、艾
沙、伊敏等之心理哄騙張文白及中央諸要人，同情伊
犁、誘惑中樞，目的在謀達大土耳其主義，並造成在新
疆勢力，一面攫取私利。

4 月 20 日　星期六

與羅佶子先生談出處，無論如何，我不在擔任有機
關職務（如部會長官、省主席等），如係空頭職務願接
受。羅曰如有清涼房屋居處是最好的，否則就是熱的房
屋亦祇好居之。羅先生有住熱房精神，我非常高興。
與羅先生談蒙藏委員會改邊政部事。蓋自民國廿六年，
中央決定將蒙藏委員會改為邊政部，令余照辦，余當時
即可任部長，余以為無改部之必要，呈請暫緩。去年中
央六屆代表大會，決意加強邊政機構，今年三月六屆二

中全會，又決議將蒙藏會改為邊政部，如此情形，勢在
必改。第以現在情況，邊疆問題不在中央之機構，亦不
在各族之同胞，而在國際間之操縱，與夫中央在邊疆實
力之不足，以及邊疆政客之作祟，至改部與不改部，實
無多大問題。查自廿六年以後，蒙藏委員會政治工作亟
有進步，很得總裁之嘉許。卅一年總裁在國府擴大紀念
週報告各部會之政績，首稱蒙藏委員會政治第一。尤以
當前西藏出席國民大會代表已到南京人數之多，為從來
所罕有，該代表及其隨員人等一行約三、四十人，內有
俗官多人，更是從來所無的，正好藉此談判西藏諸種問
題。倘此時改部，恐代表等發生疑慮，影響藏局，如果
一定改部，亦以稍緩為宜。偖子先生曰，這個道理是很
對的，可以作參考。

4月21日　星期日

　　張文白兄來皓電（十九）略謂已與伊犁代表三次商
談，目前癥結在軍隊改編數字。渠等最初提出騎兵十
團、步兵三團，分佈全省大部份區域以後減為十團，駐
地未談。治最初提出三團後，復加為四團，但渠等迄今
仍堅持十團之數。同時中央認為三團已屬太多，四團更
未同意，故已勢成僵局，現正透過蘇聯覓取打破僵局之
策。蘇領認為在十與四之間，雙方能作若干讓步，始可
獲協議。治意四團確已達最大限度，依此種情勢推演，
可能復陷拖延狀態。拖延雖未必使事態惡化，但對我方
則似亦不利。知注謹聞，並請賜教等語。余復電略謂，
皓午電敬悉。新疆事件之解決，弟始終認為須視蘇聯態

度而定，否則軍隊改編數字，即獲協議，其他新問題又
必接而至。目前我方必須注力于保衛大迪化，鞏固南疆
之喀什與阿克蘇，並防備意外暴動。吾兄辛勤與困難，
實寄無限同情。弟約下月初赴京，兄如有所囑，請隨時
示知，自當代辦也。弟吳忠信。卯馬等情。查蘇聯為預
防受人家襲擊，而便于自家侵略人家，必須在歐亞兩洲
接近彼國國界分別建立親蘇政權。彼則立于背後指使操
縱，或以民族為藉口，或以各國內政為藉口。如在東歐
之波蘭、巴爾幹各小邦，以及中東伊朗、亞塞爾邦然民
族政府、中國外蒙共和國、東蒙自治政府、東三省民主
政府、新疆東土耳其坦共和國等等組織。此種間接侵
略，較之帝俄時代與日本帝國主義之侵略，變本加厲，
有一與十之比。世界民主與共產清算，已至最後之階
段，人類前途，可悲亦復可懼。

4 月 22 日　星期一

　　青年黨領袖曾慕韓君已幾次來訪，昨日又擬前來，
故余于今晨往謁。彼云五月五日召集國民大會，不可延
期，國民黨應居主動地位。暢談一小時之久，彼想我向
總裁進言。余曰蔣主席已派定張、吳、陳三君接洽，關
于較大事件，由余代陳。彼深以為然，盡歡而散。午後
張公權來談，對于時局很多憂慮，計談二小時。

4 月 23 日　星期二

　　張文白兄來電，擬聯名推薦廣祿、華聲慕兩君在邊
政部與立法院等機關予以位置。蓋邊政部成立無期，故

聯呈請國府蔣主席在立法院或監察院予以委員位置，並
一面電復文白兄。

4月24日　星期三

　　隨余往新疆辦事幹部多係由蒙藏委員會調用者，今
又隨余東歸者，當然有所安頓，必須在蒙藏委員設法。
經與羅佶子先生商量，非常同情，當決定周彥龍（昆
田）蒙藏委員會委員底缺尚在，只要周回來，即可復
職。曾小魯俟新省府改組，明令公佈開去省委員職，即
可發表其為蒙藏委員會委員（曾原來是委員兼總務處
長）。張世杰為編譯。沈兆麟專員暫不支薪（蓋沈已由
張部長文白兄介紹江蘇省主席王洞臣兄處，緣沈江蘇
人，擬在本省謀一較長久之工作，以展其才）。謝應新
為辦事員。如此辦法，使余非常滿意，更使余進退自
如。今日上午劉和鼎波鳴兄來談皖事，希望余回皖。余
懇切表示，精力都不夠擔此大責，希望少壯者負此責，
余當幫忙。劉合肥人，帶兵多年，辦事精細，亦吾鄉之
後起者。

4月25日　星期四

　　五月五日決定召集之國民大會無期延期，其原因政
治協會決議未能實行，東三省新的軍政問題未得解決方
案。雖然究對國民失信，希望能于最短期間召開，萬勿
再失信于國民。

4月26日　星期五

　　張文白兄來卯敬電云，卯馬電奉悉，尊見實具同感，自當注意伊方代表，昨經推一人返伊寧請示，知注並聞。似此情形，仍是施延，如不三個月內求解決，則三個月後可能發生戰事。文白兄要明白，伊方確是欺騙。曾慕韓兄偕其秘書長劉東巖兄來見，劉新由滬歸來。據云京、滬一帶物價太高，人心不安，公教人員生活十分維艱。一個拉黃包車夫一個月可進二、三十萬元，與公教人員待遇相比較相差太甚，前途確是可慮。曾擬再謁蔣主席，報告國民大會及國際情形，託余轉達。但主席昨已赴城都，當即去函主席，擬俟返渝時，在還都前與曾再約一談。惟送函主席公館，則辦事人多已赴京，已停止收發公文矣。曾君等此次談話，對大局頗多顧慮，經余將本黨五十年革命精神，以及國際形勢與我有利詳為說明，彼等深為了解。余又贈曾、劉等最上等和闐玉圖章各一方，以資紀念。

4月27日　星期六

　　中央今決定五月一日發表還都命令，黨、政、軍各機關現正紛紛赴京。因交通不敷用，蒙藏委員會等機關暫緩遷移，惟主管長官羅佶子先生，必須先往，以備在京出席行政院會議。羅先生偕夫人等昨飛京，其空出學田灣三號（現改卅七號）住宅，緣是余在渝時之舊居，故今晨由上海銀行海光樓移住該宅。但舊宅重返住，舊感殊深，人生若夢，來去無常。余昨年五、六月間借住海光樓四十八日，殷勤招待，不肯收火食費，今次住

五十二日，又不肯收費。余特向上海銀行管理事務王中行兄特別說明，余與貴行董事長陳光甫先生、總經理伍克家先生都是最好朋友，如果不收火食費，何以對貴行其他同人，豈不是開一惡例，破壞貴行風氣乎？應該由董事長、總經理的朋友做個模範。王先生答曰不敢接受，俟請示後方敢決定。

4月28日　星期日

馴叔、庸叔、兆麟、劉博四人住冉家巷十九號前省府辦事處，該處既已結束，其房屋即將移交，俾叔仁先生早日回京，故馴等四人今晨亦搬來三號同住。我們現在立待南京住屋覓定，即可接洽飛機坐位，定期東飛。最初向衛俊如商借彼五台山五號住宅，俟衛須自用，改請余住伊上海路大園內日本人所建日本式房屋。但園大屋要修，用人又要多，以我現在情況，似非所宜，故擬借住叔仁先生城北住宅。惟該宅現為憲兵徵用，正在交涉遷讓中。南京因政府還都，人口忽增，物價日高，住屋尤難覓。

4月29日　星期一

小魯、彥龍來電（廿八日），稱麥等對民廳施政時有攻訐，鄧廳長翔海勢成目標，以早離新為佳。渠擬請鈞座逕電張主席謂鄧久留不宜，希准假東返云，又職等定豔（廿九）日乘中蘇機飛哈密轉機內旋等語。當即電文白主席，略謂鄧廳長翔海久留新疆，似不相宜，可否准其先行請假東返，乞裁奪是幸云云，並一面電告鄧廳

長。總之新疆局勢矛頓太多，與伊犁談判既無結果，有
隨時惡化可能，而麥等以民族獨立、自覺自治為煙幕，
以達成自己之權利，惟文白兄誤于麥等巧言與感情，不
明白麥等陰謀企圖，良可惜也。在過去，麥等反對金樹
仁政府、盛世才政府，現在反對我們，將來必定反對文
白。書至此以證將來，吾為新疆前途憂。小魯、彥龍能
將省府及保安司令部交清楚，平安離新東返，使我能對
新全始全終，殊深快慰。

4 月 30 日　星期二

　　余從革命四十年中得到革命成功之經驗，十分八、
九在精神。所謂精神者，不怕事、不怕戰、不怕死。現
在黨國人士不但無此精神，反而好生事，不振作，不團
結，弄到社會不安。目前須要切合實際建設國家，不
能專靠革命精神，必須精神與實際同時併重，方能解決
當前諸種困難問題。所謂精神與實際併重者，就是：
（1）不生事，不怕事；（2）不挑戰，不怕戰；（3）
不輕死，不怕死；（4）不怕人家批評，要自家振作；
（5）不怕人家搗亂，要自家團結。若能將以上五項都
做到，無論如何困難都能度過，如何計劃都能完成。惟
當此國家多事之秋，人心動蕩之際，應從了事做起，用
和平方式，安定民生，恢復秩序，為當前之急務，萬萬
不可再生事端，驚擾人民。

5月1日　星期三

　　午後訪朱一民兄，渠足疾尚未愈，仍未能起床。現在國府還都，重慶陪都特設行營，但黨、政、軍還都復員等事，仍歸一民兄負責辦理，因此一民兄在此尚有數月留守，于我東返交通便利多矣。余擬旬日內起程，彼允竭力協助，俟又談及國內外形勢，彼此均認為來日大難，未可樂觀。

國民政府還都南京

　　國民政府今日（五月一日）頒發還都令，大意謂：五月五日凱旋南京，全國軍民同心一德，保持戰果，四川古稱天府，重慶占戰略之形勢，故能安渡艱危，獲致勝利。緬懷兩京收復之艱難，更覺巴蜀關係之重要，政府已于廿九年九月明令定重慶為陪都，今後四川永為安定國家之重心云云。查國民政府于民國廿六年十一月移駐重慶，余于十一月十五日午後四時陪章嘉大師晉謁蔣委員長，章先告辭，余與蔣談軍事。當時淞滬淪陷，蘇州、湖州相繼不守（泗安亦失），常洲、鎮江、宣城、蕪湖均告吃緊，首都搖動，人心惶惶。余謂自古守南京必須有皖南與蘇常，如無守上項各地之把握，須趕快遷都。蔣委員長答曰應該遷都。余又曰遷都地點議論紛紛，余以為因南京不安全，所以要遷都，必須找一安全地方為原則。委員長答曰很對。余又曰有主張遷西安、廣州、蘭州、長沙、城都等處者，多有未妥，似應於重慶、成都擇一為宜，最好先遷重慶，視形勢如何再遷成都。委員長答曰決定遷重慶，不再移動，擬明晨開會，即可決定云云。果于翌日開會後，即公佈遷都重慶。余

于十七日偕國書、昆田乘小汽車兩輛，經蕪湖、宣城、南昌、長沙、桂林，向四川前進。途中戴院長季陶電告在桂等候同行，爰在桂稍留，旋即與季陶兄由桂林同陣，經貴陽抵達重慶。回想當年，想不到抗戰八年，獲致最後勝利，擊潰暴敵，重光國土，取消國際間對我之種種不平等待遇，使我國家民族真正達到主權獨立與領土完整之地步，而走向建國與復興之途，實我大中華民族之無上光榮也。

　　至于余個人在此八年之間，於蒙藏委員會任內安定蒙藏、調協西北，尤以親赴西藏辦理達賴轉世，收回國家主權，以及前年奉命主政新疆，實行歷史所未有之解放政策，對黨國可告無愧。家庭方面，八年來全家大小平安，並于抗戰初期，民國廿六年九一八之夕（農曆八月十四日）誕生光叔于上海，正我機轟炸滬日艦，砲火耀夜之時，至可紀念。所可憾者，張國書表姪不幸於三年前春天病逝陪都，遺有寡妻弱女為可憫耳，亦是余重大損失。至關于余之生活日記，抗戰期間無日遺漏，惟民國廿六年、廿七年兩年日記，余于廿八年赴西藏，道過香港，由該兩日記交麗安保存，嗣香港淪陷，麗安脫險不便攜帶而毀滅，殊可惜也。

5月2日　星期四

　　東北近況日趨嚴重，中共軍隊先奪長春，繼佔哈爾濱，衝突範圍已告擴大。馬歇爾特使第二次由美來華，注力于東北之和平，未獲協議，實予馬氏精神上以重大打擊。馬氏嘗正告國人曰，東北軍事衝突不能停止，將

使中國陷于數十年紛爭局面。須知東北問題是美、蘇利
害必爭之問題，而美、蘇關係之變化，亦足定東北之命
運，我最難過的，是外人在背後指使中國人打中國人。
總之東北不能定，就是中國全部不能定，亦是世界不能
定。東北與西北息息相關，東北既如此，新疆問題難解
決，亦是必然之勢也。

5月3日　星期五

　　青年黨曾慕韓君偕其主任秘書劉東巖君來訪。曾將
于日內回隆昌故里，旬日後回渝，擬託余面報蔣主席
事：（1）對于國民政府改組，希望委員五席，始敷該
黨分配；（2）共產黨反對青年黨各領袖；（3）共產
黨利用民主同盟在四川活動，青年黨在四川有基礎；
（4）國民黨應該居主動地位，萬不可過于將就；（5）
曾想出洋考查憲政，曾夫人擬同行，並帶少數秘書人
等。余允到京代為轉陳。

5月4日　星期六

　　昨日之五月三日、今日之五月四日都是每年多事之
日，今年此兩日正是熱鬧還都。余回想民國廿八年之
五三、五四，正是大隊敵機開始大轟炸重慶市，兩日間
死傷三、四萬無辜人民，繁華街市頃成廢墟，余目睹死
傷，異常慘痛（余常曰日人欺我太甚，將來必有因果之
報，今果崩潰矣）。今者國土重光，對于為國犧牲者，
將何以辦理彼等善後乎？自此次大轟炸後，在重慶政府
機關疏散四鄉辦公，只留少數人在重慶收發公文。蒙藏

委員會于五月十一日遷往西永鄉永興場花房子，余自此以後，除每一星期進城一次出席行政院會議，其餘時間均在花房子山上居住，度鄉間生活。每年五三、五四固屬多事之日，而五五尤多紀念。

5 月 5 日　星期日

因在重慶先後八、九年之久，添製行李、圖書等件為數甚多，而邊人獻方物為數亦不少。現以還都復員，運輸困難，有許多物品棄之可惜，留則無法攜帶，只得將不必要之件放棄，將必要帶走，分三部處理：（1）隨時應用物品，由飛機隨身攜帶；（2）磁器、圖書等件，用木船直運南京；（3）次要行李、衣箱等件，用輪船運南京。

5 月 6 日　星期一

國府還都，交通工具異常缺乏，余因無積極還都參加五日大典之必要，故在渝小住，藉資休息。最近交通較為鬆動，計劃日內東返，余擬偕麗安、馴、庸、光三兒、兆麟夫婦一行七人乘飛機。所有行李七百公斤，由金作民、謝應新由水路押運，叔仁先生及眷屬等與金等同陣乘船，一行共十一人。業經函請留渝黨政軍聯合辦事處主任朱一民兄轉飭代定飛機、輪船坐位，朱允即照辦。今晨軍事委員會復員委員會運輸組組長吳可棟兄親來接洽，決定余等乘飛機之七人，十二日乘中航機飛京，金、吳等十一人及余行李，十五日左右可以乘船東下。是則余之東返交通圓滿解決，而吳君之熱心殊

深感激。

5月7日　星期二

　　建文孫于卅二年由皖來渝，入重慶大學習工商管理。余以孫兒入大學，十分歡喜，其待遇較之從來幫助各親友讀書，對建文特別優厚，要錢給錢，要衣給衣，不折不扣。乃最近一年發現種種惡的習慣，尤以不誠實為可恨，余已迭次嚴加告誡，期其改過自新。惟余等均將離渝東返，建文須明年暑假始能畢業，但在此未來之一年經費，他要求自本月（五月）起十五個月，需廿八萬元。倘余一次支付，恐不到一年即要用罄，又恐物價高漲，彼隨時請求增加，必至弄到毫無止境。無已，乃請上海銀行重慶分行代為料理，即先由余交國幣陸拾萬元于該行，以十四個月計算，得利息卅七萬二千元，第一個月（六月）發二萬元，以後三個月增加一次，至十四個月（卅六年七月）增加至三萬三千元。連本年五月余另給二萬元，總數卅九萬二千元，較他所要求廿八萬元已增加十一萬二千元。余心力已盡，這是對祖宗不得不如此，他之成就與否，自有天命在焉。

5月8日　星期三

　　老同志老朋友李協和烈鈞先生靈櫬擬運回江西武寧安葬。余今晨八時半親往李宅參加移靈典禮，十時許開始移靈。余隨靈送至朝天門船上，沿途路祭，哀樂、鞭砲同時並作。以協和先生革命數十年，能目睹抗日大捷而後逝世，可謂革命有結果矣。

歡宴蒙藏委員會同仁

今日（八日）午後六時，假國民外交協會歡宴蒙藏委員會同仁，到副委員長趙芷青及該會委員、參事、秘書、處長、專員、科長等卅人，均係余昔日在會時之舊同事。余致詞，首對該會抗戰期間，安定西藏、團結蒙古、調整河西、溝通新疆予以讚揚，今後邊政仍極重要，希望大家繼續努力。繼略述新疆內情暨余主政年半之施政大概。余曾長蒙藏委員會歷時八載，與會中同仁關係密切，感情融洽，如同家人、兄弟。渠等在長期抗戰中，皆能安分守己，努力從公，爰藉今日之宴，聊表慰勞之忱。

5月9日　星期四

今日為五月九日國恥紀念，回想三十二年前（民國三年）的此時，袁世凱意圖稱帝，日本帝國洞悉其隱，竟于是年五月七日提出喪權辱國條件，並以武力為要挾，限袁氏于四十八小時內答復之最後通諜。袁氏利令智昏，果于五月九日承認簽訂二十一條賣國條件，此實為國家民族之奇恥大辱。時余在日本東京，曾于五月五日晉謁先總理孫先生。余曰日本人向袁世凱提出亡國條款，袁氏必定屈服，我無論如何無面目再留日本，先生如何？總理答有事未了，不能即離，囑余先行。余乃于五月七日，即最後通諜提出之日離日返國。往事彷彿如在目前，年年此日，舉國同悼，今日此日，適逢抗戰勝利，暴日崩潰之後，舉國同歡，而往日日本之威風，于今安在？余曰被人欺而敗者，猶可得人同情，欺人而敗

者，不足惜也。天網恢恢，可為今世侵略者戒。

5月10日　星期五

　　現住卅七號房側節竹桃花正在開始開放。此花係余
與兆麟、申叔于卅二年在新村五號（為敵機所燬）舊住
宅移來紅、白各一小枝，曾幾何時成為兩大叢，異常茂
盛，而余能三年後復來觀賞。由此可知，所謂只問耕
耘，不問收穫是也。

5月11日　星期六

　　飛機票已購妥，準明晨起飛。午後訪朱一民兄，告
以明日飛京，伊足疾仍未愈，不能下牀。並遇盛晉庸
兄，伊父母及眷屬一行十八人亦于明日飛京，伊本人擬
在京覓屋，然後再赴京。惟覓屋不易，託余帶函總裁，
請飭幫助。曾秘書小魯、鄧廳長鵬九今日午後飛回重
慶。據云新疆形勢日非，對伊犁談判無希望，而人心不
安，前途不可樂觀。張主席將推行余之政策，果爾，或
可挽回于萬一。

5月12日　星期日

　　上午八時二十分起飛，盛氏家屬與余等同機，途中
在漢口加油，于午後二時二十分飛抵首都明故宮機場。
佶子先生、纕蘅先生及李參事、熊處長等均在機迎接。
別來將九年之首都，今能歸來，令我無限快慰。現在首
都房屋缺乏，由纕蘅兄代借牯嶺路六號冷宅暫住。

5 月 13 日　星期一

內政部張部長厲生來談，彼對于當前一般政治情形頗不滿意，話多憤慨，尤以經濟為可慮，計談二小時之久。考試院周副院長、何立法委員等來訪。

上總裁蔣函稿

信于十二日抵京，暫住牯嶺路六號冷宅。在渝時，曾參政員慕韓數度偕其主任秘書劉東巖過訪，茲綜合其所談各節，撮述如下：

一、國民代表大會，甚盼政府從早召開，勿令人民失望，並盼政府一切爭取主動。

二、國民政府委員，青年黨希望能占五席。

三、共產黨政府反對青年黨領袖，並利用民主同盟在四川活動，青年黨在川省基本黨員甚多，決對其陰謀加以妨害。

四、國民黨在國外宣傳工作尚嫌不夠，伊之個人甚願在側面盡力，希望將來政府助其出國游歷，及其夫人一人同行，並特准隨帶秘書一人。

以上四節，慕韓迭屬轉陳，詞甚殷切，敬祈察閱。

又據盛晉庸兄面稱，希望常以住京，時承鈞座訓導，擬懇鈞座指定在京住所，屬為代陳鈞座一函一併呈閱。

忠信敬呈　五、十三

5 月 14 日　星期二

曾小魯回渝，張主席文白託帶親筆函，大意如下：

弟認為最要者，今後如何循中庸之道，盡安定之

責，只有苦心深慮，忍辱負重，盡人事以聽天命。回憶
弟之來也，初為先生所推舉，而弟之不辭一來也，固為
國家、為領袖分憂勞，亦為先生求解脫。量先生今後對
新疆，在法理上固已解除責任，而道義上實未解除責
任，扶持匡導，責在先生，因知先生知我、厚我，自不
待弟之煩嘖也云云。

余之復電，大意如下：

小魯返渝，奉讀手示，感悉一一。弟雖去新，而無
時不神馳左右，公誼私交均難恝置。以當前國際環境
論，和平尚不可期，為兄計，此時似以注意軍事，肅
清內奸為宜。弟已于文日抵京，此後通電，擬請徐處
長與可代發，並用其密碼，知注並聞。弟忠信。辰寒
（十四）。

5月15日　星期三

新發表上海市長吳國楨兄來見。余告曰上海流氓、
奸商橫行無忌，鬧得上海社會不安，兄如能將這兩件事
處理妥當，則功德無量，所有上海其他問題，亦容易解
決云。吳歷任漢口、重慶市長，經驗甚多，以之出任上
海市，必能不負社會之期望也。繆秋杰兄約在中華門外
馬祥興回教館午飯。該館自明朝至今，余往年常到此館
小吃。

5月16日　星期四

上午偕續蘅、兆麟、承熾、麗安、馴、庸、光三
兒、劉博等晉謁先總理靈、明太祖靈後，遊覽紫霞洞，

在中華門外馬祥興午飯。

5 月 17 日　星期五

　　此間物價較重慶約高一半，公教人員叫苦連天，尤以房屋無法解決，而房租之貴亦有出人意料之外者。就以食米一項而論，已漲至五萬元一石，上海則至五萬五千元，物價如此狂漲，社會將只有愈來愈不安。目前對外貿易進口要佔百分之七十，出口僅佔百分之卅，外國貨平均比國貨便宜十分之七。此一經濟危機殊為十分嚴重，想不到抗戰期間痛苦，勝利後更痛苦。近日東北軍事擴大，雙方飛機均已參戰，共軍要求無條件停戰，中央軍則要求共軍退出長春後停戰。華北共軍一方大施調動增援東北，一方破壞交通，阻止國軍增援東北，因此華北局勢極度緊張。

5 月 18 日　星期六

　　現住牯嶺路六號，係故友冷杰生兄舊居。余于廿六年抗戰時，曾臨時在該宅附近居住，因無廚師就食于此，杰生親做川菜招待。後來政府西遷，余與杰生先後退川，感情尤洽，並竭誠擁護中央，為奸人所忌，慘遭非命，令我無限憤慨，今借住其故居，感慨良多。惟此宅已先為空軍人員張君借住，余本說明是暫時性質，適段運凱兄約余住其金銀街住宅，特偕麗安等前往察看，甚為寬大，擬日內遷往。現在南京房屋十分缺乏，還都人員很多住在旅館。

5月19日　星期日

　　馴叔今晨回蘇州，我擬俟端節時再回蘇州。南京米已至五萬五千一石，較余到此已漲一萬七千，現仍繼續上漲，且無買處，公教人員叫苦連天。

5月20日　星期一

　　蔣主席約午後一時午餐，請柬至一時始送到，適余外出應酬，至一時半歸來始知，立即趕至黃浦路官邸，而席已將終。遂至客廳就坐，與主席談話大意如次：

（1）報告與青年黨迭次談話，大致與上主席函相同。主席曰信已看過。余告青年黨決定與國民黨合作，但該黨認為國民黨現在是一黨專政，茲為應付環境，需要青年黨幫忙，將來制定憲法、選舉總統、施行政黨政治，國民黨是唯一大黨，必行一黨執政。屆時國民黨已告大成，可以不需要其他友黨，則青年黨落空矣。請主席與該黨曾琦等多見面、多安慰，以釋其疑。余又曰已將國民黨在歷史上迭次吃虧向曾等說明矣。

（2）主席云佽子先生年老，你再回任蒙藏委員會如何？余曰待還都完畢後，請另給佽子事，可另派人接蒙藏。主席曰何人？余曰姚琮。主席曰不行。余曰楊森。主席未答。余又曰副委員長亦可另調他事，我這一方面近年操就人不多，周昆田是很好的，他熟悉邊事，忠實可靠，又是高級班畢業，以之任副委員長最為相宜。主席問周昆田現在何處？答曰正在來京途中。余又曰廿六

年中央擬將蒙藏委員會改為邊政部，余以為無此
必要，乃作罷論，但蒙藏委員會雖等于老太爺機
關，然于抗戰期間，很做幾件大事。目前將成立
國防部，所謂國防者，主要任務就是辦理邊事，
因此蒙藏委員會更無改部之必要。

（3）主席問我住在何處？答曰暫住冷杰生兄宅，我南
京無住宅。主席問家眷住蘇州否？答曰有兩位
太太，大太太現住蘇州，一位住南京，我有四個
小孩，我將來常住南京，主席如有事，請隨時召
呼。最後握手告別，余曰主席身體好嗎？答曰
好。歡喜而散。

5 月 21 日　星期二

段運凱兄因余到京，特由滬來晤，連日接談小聚。
伊身體甚好，請余住其金銀街十七號住宅，決日內遷
往。該宅將出售，惟在三個月內決不出售，余暫住三月
再作打算可也。我到京旬日，最感困難是住處。立法吳
秘書長尚鷹來晤，出示蔣主席至該院代電，命以廣祿、
華聲慕為立法院委員。因該二員係余與張文白兄所保
薦，特詢余意見。余表示對此二人可負完全責任，華已
在來京途中，並請于華君到後，即予發表。吳允照辦。

5 月 22 日　星期三

文叔于廿日由上海經蘇州來南京，據云上海物價太
高，租屋不易，故尚住旅館，一俟新疆貿易公司將資金
匯到時，再行租屋，正式辦公。伊于今日午後回蘇州轉

上海。

5月23日　星期四

　　國軍佔領四平街，繼續向前進駐公主嶺，乘勝收復長春，共軍潰不成軍，蔣主席親往瀋陽視察，安慰人民。此一戰役關國共兩軍在東北前途甚巨，間接影響美蘇在東北之形勢亦甚巨。東北有關世界和平，欲謀安定，必須堅守條約與信義。如依照條約，國軍應繼續前進接收北滿，倘對蘇聯有所顧及，則須重加考慮，端在蔣主席親到東北有所決定也。此次收復長春，影響國內亦多，如物價漸趨穩定，人心觀感不同。

5月24日　星期五

　　連日國民大會皖省代表崔松谷、王葆齋、孫元甫、潘慎五、葛崑山，張國喬、丁象謙、費鐸聲，查笑山、徐警予、陳紫楓等多人先後來訪。余特于今晨親往拜謁，並纕蘅遊覽後湖、五洲公園，湖山依舊，遊客幾更，余等亦有今日，誠大幸也。晚間邵力子先生夫婦來訪，彼此暢論中蘇外交，認為蘇聯應該與中國合作，尤以余主政新疆時，蘇方錯過機會為可惜。

5月25日　星期六

　　此次余勝利回京，住宅問題頗費周折，迄未解決。最初顧翊羣屋以移交四聯總處應用，不能入住，衛俊如屋則須待修理，始可入住，故余到京後下榻冷宅，係暫借住性質。段運凱自滬上致纕蘅函，請余住其金銀街住

宅，長住亦可，詞意非常懇切。旋段自滬來京，重申前請，並表示請余住三個月，在此三個月內決不出租或出賣。經決定即日遷移，並由纕蘅代向段說明，擬月酬租金，略示謝忱。不意忽生變化，段竟行出租他人，囑纕蘅向余轉達，余只得暫再寄居冷宅，徐圖物色。夫段家與余交誼素深，又是運凱自動請余住其宅，今固為解決一部份之困難，然在信義上、友誼上，殊非計之得者也。

5 月 26 日　星期日

彥龍偕華聲慕等今晨到京。據華云新疆前途可慮，假定與伊犁談判成功，則一年後還是要出事，否則數月內即生變化。原來新疆只有伊犁事變問題，自麥斯武德等到新後，多方離間，內部發生搖動，竟敢公開反對漢人及反對回教阿洪。彼等不做紀念週，不掛總理遺像，更不得張主席之同意，麥斯武德移住蘇聯領事館，因此人心惶惶。張主席已漸覺悟請彼等回新之失當云云。

5 月 27 日　星期一

上午九時出席國府紀週，此余到京後首次到國民政府，首次參加紀念週。抗戰八年淪陷國府，現在房舍如故，並無破壞。最初梁鴻志之維新政府即在此處，後來汪精衛之國民政府則在雞鳴寺，現在之考試院。

5 月 28 日　星期二

此次國軍在東北之勝利有三個原因：一、共軍多未

經過作戰，戰鬥力薄弱；二、共軍負作戰計劃之參謀
投降，因此國軍知其內容；三、蘇未能實力幫助。陳
果夫偕合肥同鄉朱國才來談，陳認為各省主席缺點甚
多。朱卅一歲，政校畢業，任陳隨從秘書，吾鄉有希
望之青年。

5月29日　星期三

上午十時，接見西藏達賴喇嘛胞兄□□□及其姐夫
黃國才，彼等均能漢語，據云達賴青海語尚未忘記。在
達賴于暑假（有四、五個時間）住羅布嶺嘉時，達賴父
母與達賴不時往來，與達賴完全說青海音國語，歷輩
達賴能說國語者，此為第一云云。招待彼等茶點。十一
時，接見西藏出席國民大會代表（僧官首席代表）札薩
喇嘛圖丹桑批、（俗官首席代表）札薩索朗汪堆、普通
代表堪穹土丹桑布（將任駐京首席代表）、任喜策汪頓
珠（俗官）、尊專土丹參烈、尊專土丹策丹（將任西藏
駐京代表）、羅扎圖登生格、羅扎絳巴阿汪（將任西藏
駐京代表）、羅扎益喜達結（貢覺仲尼之弟子）、來參
多吉歐珠（年最輕，能漢語），又德格色（四品官）西
康土司之弟，欲娶其寡嫂為妻，西藏擬利用其收復德格
之主角，共十一人，由駐藏辦事處沈處長宗廉、藏事處
熊耀文介紹後，彼此慰問。余就西藏環境詳細說明利害
大意，英國在印度勢力日趨薄弱，而印度內部複雜，必
自相擾亂，必影響西藏。又蘇聯共產主義亦可由新疆
邊界侵入西藏西部阿里等處，必定影響西藏政府，彼
等深為了解。至藏方派俗官為代表，此為第一次，該

代表等多是余之舊識，見面非常歡慰，計談一小時，
招待茶點。

5 月 30 日　星期四

　　張文白兄養日來電謂與伊犁代表商談，大體已獲協
議，現條文經作文字整理，預簽草案，由渠等攜返伊犁
請示，如無特殊變化，預定兩日後返迪簽字云云。查自
去年十月與伊犁代表談判凡八個月，每拖一次必增加新
要求，我方必讓步，這次仍恐不能例外。關係仍在蘇聯
是否願了此案，我自始至終主張態度不能過軟弱，必須
取較強硬之方式，或可較易辦理，果有不可為而後有為
之精神，一切自易成功也。文白太忠厚，期速成，十分
將就，這是敵人深知我方此等弱點，即利用此弱點向我
要求。陳紫楓兄約午餐，有川軍將袖唐式遵兄（子晉）
等。唐于抗戰期間駐軍皖南，深得地方好感，此人曾在
西藏駐過五年，熟習藏情。

5 月 31 日　星期五

　　昨日國防最高會議決議，為謀軍事與行政密切聯繫
起見，所有原設之軍事委員會及其所屬各部會，以及行
政院之軍政部，一律裁撤，改于行政院設立國防部。
該部組織與職權大略情形：（1）國防部承國民政府主
席之命，綜理軍令事宜，並承行政院長之命，總理軍政
事宜；（2）國防部設部長一人、參謀總長一人，設總
司令四人分掌陸軍、空軍、海軍及聯合勤務等事宜；
（3）國防部長審定參謀總長所提關于國防需要之軍事

預算，及人員、物資之計劃，提請行政院決定並監察其
執行；（4）參謀總長掌理軍事之一切計劃準備，及監
督實施並有關國防各種建議，但關于軍令事宜，秉承國
民政府主席之命令，關於軍政事宜，經國防部長提請行
政院審定之；（5）各總司令承國民政府主席之命，參
謀總長之指導，分掌軍事實施；（6）國民政府特任白
崇禧（建生）為國防部長、陳誠（辭修）參謀總長、顧
祝同（墨三）為陸軍總司令，陳辭修兼海軍總司令、周
志柔空軍總司令、黃鎮球後勤總司令。以上組織與過去
之德國國防部，及尚未施行美國之國防部大體相同。此
種組織使軍令、軍政合而為一，果能運用得宜，在平
時、戰時諸多便利，亦是我國軍事化時代措施。尤以施
行行政三連制為最相宜，就是國防部長責在考核、參謀
總長責在計劃、各總司令責在執行。此次軍事之改革，
吾人抱莫大期望，不過整個軍事委員會各部會廳處以及
軍政部裁撤人員甚多，且多是多年抗日之同志，望政府
有以適當之安置。

6月1日　星期六

　　青年黨書記長劉東巖兄，昨晚由滬回京，清晨來見，希望該黨領袖曾慕韓兄即日出洋，請求蔣主席發給經費美金四萬元，加派秘書一人，連前次請求一行共五人云。答曰以現在國內情形，中央政府或有改組期望，慕韓先生恐不能走開。關于慕韓先生出洋，余雖向蔣主席說過，尚未決定，最好慕韓先生晉謁蔣主席面談決定出洋原則，然後再談經費與隨員等問題較為妥當，劉深以為然。安徽教育廳長汪少倫、新發表建設廳長劉石菴（劉本西康建廳）今晨到京（由上海來）即來見，談安徽政局。余曰省府與人民未能打成一片，尤以擔負太重，民不能生，因此政局不能安定。劉睹此情形，是否回皖就職，尚待考慮。現在皖人反對李主席空氣熱烈之時，劉如同情皖人，似應稍緩到位。

6月2日　星期日

　　叔仁子女、蔡老太太母女、金作民夫婦及謝應新一行及余之行李，于上月十七日由渝乘船東下，因在宜昌換船耽誤，至昨晚始平安到京。截至今日，余在新、在蘭、在川有關係人員及行李（尚有少數託蒙委會代運）都已到京，如此完全、如此圓滿，此皆天人之助也。余既已離開新疆，所兼任新疆省黨部主任委員自不繼續擔任，業經中央黨部准予辭去，遺缺以陳書記長希豪接充。

6月3日　星期一

　　上午九時火車回蘇州，沿途所見農人割麥插禾與青山綠水，較之新疆天山戈壁之苦寒、重慶重山峻嶺之嚴熱，大有天壤之別。于午後二時抵蘇，文叔來接，三時到家，門牌原是東小橋八號，現已改為南荳街二號，就是古名東小橋南頭街，今將頭字改為荳字，想是字音之誤也。回想余最後離蘇時間為廿六年八月二日午後，麗安等于八月二日上午赴滬，惟仁夫人等則早赴牯嶺，隔時計有八年零九個月又廿一日矣。余回故居，目睹房屋大致完整，園中樹木亦已長成，惜樹木在敵人佔住時期已伐去五、六十株。日人在余住宅中曾設灶十一個，故房屋頗多汙損。然余能安返，此較之彼因抗戰而致家破人亡者，實不可以道里計也。

6月4日　星期二

　　余能于在此過節，與惟仁夫人共吃粽子，真是快慰之至。方叔亦由滬趕到，尤以晤見八十歲老友顏芝卿先生，更是十分快慰。昨日到家，喝茶茶碗係余與惟仁丙午年（時廿三歲）接婚時在江西所訂燒，今此碗尚存，則已四十年矣，而我二人尚健存，其感想有非筆墨可以形容者也。

6月5日　星期三

　　今日約老友梅佛庵、曾影亳、陳鳴夏、王靖侯等午餐。梅于抗戰期間避居湖南，曾則于抗戰期間先避湖南後回蘇州，陳則于抗戰期間任九江警備，嗣九江淪陷退

回重慶,再退雲南,王則始終住蘇州。今則都能回蘇居住,聚首一堂,何幸如之。我們在抗戰以前,在太湖黃蘆鎮有公共湖田一千餘畝,由影亳管理,據云近數年來,因時局關係,管理非常不易,佃戶很多是流氓。老鄰居龐醫生新聲來暢談蘇州淪陷期間之情形,五光十色,敵人特工與偽組織之特工,人民受其痛苦,不堪言狀,勝利後,接收人員很少妥當。

6月6日　星期四

清晨到葑門外弔湘君墓,依然如故,惟余親手所植之龍柏八株、黑松二株,除被人伐去一株黑松外,餘均長大,且極茂盛。現在馴、申兩兒都已長大,性質純良,湘妹在九泉之下,定當心喜無窮。蔣偉國姪夫婦由滬來蘇,午後來晤。偉國現在上海機械化團任團附,伊係去年結婚,余首次與新夫人見面。偕文叔乘八時四十三分晚車赴上海,十時半到上海,乘汽車到愛多亞路大滬飯店居住,車資六十元,抗戰前不過一元而已。

6月7日　星期五

偕文叔街中散步,市容非常零亂,遠不及從前,這都是中國欠組織之結果,上海決不是樂土,必定衰弱。上午訪上海銀行伍克家總經理,謝其過去之幫忙,並拜謁其太夫人。吾家有田七百畝在當塗縣,由侯振平代管,自抗戰即未收租,統由侯收現,侯延不交納。因葛光延兄亦有田在當塗,葛、侯素有往來,故于午後親往霞飛路訪葛氏,請其幫忙。侯在抗戰期間已大發其財,

可以說都是我的田租，且侯很有通敵嫌疑。

6月8日　星期六

上午到中國實業銀行晤奚東曙、傅佛波兩兄。傅約一同訪許汝為兄，許出外打球，隨至法舊租界球場與許見面，傅又約許與余至愚園路康樂酒家午飯。許于民國卅年春由香港到重慶，蔣主席留渠常住重慶，余亦挽留，並擬請其到西北去，許堅欲回港，無法強留，嗣香港淪陷，許未能退出，勝利後始行返滬。壽縣孫府所辦中孚銀行有攸久之歷史，為安徽唯一之銀行，抗戰勝利後，財政部認為該行有通敵之嫌疑，下令停止營業。查該行並無通敵情事，而上海其他銀行真正有通敵者比比皆是，為何都能逍遙法外，是江浙人之故也。午後該行負責人孫錫三兄來見，談及上項情形，余以安徽人之地位，不得不代鳴不平。爰于晚間八時訪中央銀行總裁貝松蓀兄，請轉余意，託行政院宋院長主持公道，准將該行復業。貝氏深知此中情形，開口即說冤枉，允將余意轉達宋氏，余並擬回京向財政當局說項。段運凱約晚餐，有前北京政府財長李思浩、上海銀行巨子周作民及章行嚴兄等在坐。上海起居飯食之豐富有過于戰前，上海既完全歸中國管理，而戰前帝國主義遺留之壞處通通存在，遺留之優點如清潔、衛生、秩序良好則一律烏有，常此以往，必生事端。

6月9日　星期日

郭寄嶠兄乘夜車來滬，余擬乘七時車返京，故于四

時起身，五時到車站，先迎郭寄嶠。而夜車誤點，至六時四十分尚未到，余所乘之車鐘點已到，只得先行，待寄嶠回京後再面談。近兩日天氣甚炎熱，而昨夜睡眠又太少，異常疲困。于午後一時到京，麗安等到站迎接。

6月10日　星期一

上午曾慕韓、劉東巖兩兄來談有關青年黨對于國是之觀察，及曾出洋等事。余告曰請日間晉謁蔣主席後決定出洋原則，再談其他經費及隨員等問題，較為妥當，曾等頗以為然。午後新疆警務處胡處長國振夫婦來晤，據云為將就伊犁代表之要求，警務處決裁撤，胡先行請假來京，不再回去。又據胡云新疆就是和平談判有結果，但隨時可以發生事件，如三年內不能有所準備，則三年後新疆恐非我有矣。胡將出洋考查，約一、二年後可以返國。余在新疆時，胡對余甚服從，工作亦甚努力，但用人太多，難免複雜，又距離中央太遠，當然不能使人家滿意，中央不能了解，實在胡沒有做壞事。

6月11日　星期二

劉東巖兄清晨來告，今日午後約青年黨曾、李、左、劉四人見面，俟又來函，為經濟時間，便于商談，已決定由曾慕韓先生單獨往晤云，此乃青年黨推重曾為該黨領袖之表示也。借住冷宅，係暫時性質（十日），因覓不著房屋，延遲至今。現由徐中岳兄特別幫忙介紹徐府巷平房一所，計大房三間，隔成五間，余偕麗安等于本日午後前往視察，適合吾人居住，不過尚須修理。

房東係中岳朋友，格外客氣，不要押租，只要月租十五
萬元，真是大半人情。因段宅變化之經驗，必須日內簽
定租約後，方可確定也。

6月12日　星期三

　　軍事委員會調查統計局局長戴笠（雨農）于本年三
月間由北平、青島乘飛機來南京，因天氣惡劣，人機全
燬。本日在首都開會追弔，余親往致祭，戴氏于抗戰期
間對國際情報收獲甚大。訪曾慕韓兄，伊昨日與蔣主席
談話約一小時，結果頗為圓滿。關于曾出洋事，主席以
為現在時機緊急，須緩數月後再行出洋。

6月13日　星期四

　　偕子昨日赴滬，今日來函云中孚銀行決定請余任該
行董事長，余認為該行受欺太甚，為主張公道，計決為
該行幫忙。該行負責人孫多鈺（章甫）、孫晉芳（錫
三）、孫臨方三君午後由滬來京，即來晤談。查孫章甫
係壽縣孫狀元家鼐之侄孫，現中孚董事長，曾留學美
國。孫家子孫除讀書出洋、辦實業，向不在政界活動，
人都誠實，易受人欺，孫家與我家又有親戚關係，于公
于私均應幫忙。惟此事關係在宋院長與財政部，特于午
後二時約徐可亭（糧食部）商談，請代為運用，俾達復
業之目的。該行各地設有分行數處，並有投資很多附
業（工廠），為各銀行所不及，其全部資產約值國幣
五十億，因此各方認為有機可趁，競爭甚烈，均欲佔為
己有。據可亭云，陳果夫方面與該行有接洽，當即電果

夫予以幫忙。

6 月 14 日　星期五

　　清晨均平弟來晤，他新由家鄉來京。據云家鄉（吳家店）自抗戰以來，經國軍、敵偽軍、共產軍更番駐紮，破壞不堪，民不能生。現在共軍大隊集中皖東北，合肥大受威脅，前途實在可慮。他本人原在保安隊任團長，因與張靖伯感情較深，張辭去皖省軍政各職，均平亦同時下野。均平尚能吃苦，擬即代為設法。陳果夫午後來談中孚銀行事，據云該行與伊方有所接洽，余出任該行董事長，伊即贊成，不過伊方擬推薦總經理與增加股票。余曰你們想派人到該行，只要所派的人能聽我的話，可以照辦，至增加股票，只要用商業習慣，公平方式，亦可商量。談話約一小時半，適孫章甫先生等來，即介紹孫等與陳見面。

6 月 15 日　星期六

　　孫章甫先生等既決定請余任中孚董事長，余為同鄉、親戚、道義之種種關係，果能將該行復業，余可擔任過渡董長，俾使應付各方，將來仍歸還章甫先生。連日與各方接洽該行復業事，各方均允幫忙，現在財政部已知停止該行營業不甚妥當，但無法轉變，當前關鍵在行政院宋院長。吳少祐兄由滬來電話，已由廣州灣經香港安抵上海，日間往北平，約三星期南歸，將來擬常住香港。查少祐兄在抗戰期展轉西南各省，今能安全歸來，不勝為之快慰。過去和生兄因奔走和平之誤會，幾

遭不測，經余多方營救，轉危為安，倘或不幸，余將何
以對少祐兄耳。少祐精明強幹，辦事敏捷，其如運氣不
佳，未能展其才也。

6月16日　星期日

　　新疆財政廳長盧郁文頃由新抵京，此來係為出席糧
財會議，並送改組新省政府名單。盧仍為改組後連任財
廳，伊不願擔任，託余設法擺脫。據云新省今非昔比，
危機甚多。衛俊如夫婦約晚餐，有西南聯大梅校長等在
坐，麗安、庸、光兩兒均參加。

6月17日　星期一

　　關于中孚銀行復業事，兩次由昆田與財政部錢幣司
戴司長銘禮接洽。戴認為此事困難太多，經昆田轉告余
意，以不失財政部之立場與威信原則下謀該行之復業。
又告余已與徐可亭、陳果夫有所商洽，這都是為財政部
應付此事便當之故也。戴又以停業銀行太多，如准中孚
復業，他行必起而原例也。蓋中孚有歷史性、較大之銀
行，其他停業之銀行都是小而新之銀行，萬不能與中孚
之比較也。戴允幫忙，現正請財政部長決定政策。余本
可設法由上而下恢復該行，惟為尊重財政部主管機關，
故一再與該部接洽，至財政部俞部長已託纕蘅兄轉致余
意矣。就近幾日接洽情形觀之，中孚有復業之可能，不
過時間不能太快耳。

6 月 18 日　星期二

　　張文白兄來電，大意此間和平解決，現正研究多項有關善後辦法中，至省府改組案亦經呈請中央，其人選與前預定者無多出入。當即復電，略謂新疆省府改組案，本日行政院會議已照案通過，此項人選我兄斟酌任用具有苦心，今後省政推行，必能更臻上理云云。此次新疆省府改組，增加省府委員至廿五人，計中央十人，伊犁、阿山、塔城三暴動區六人，其他七區九人，設副主席二人，各廳處設副廳處長，各區專員、縣長民選，警務處撤銷。至軍事方面，准伊方編練六團，分駐三暴動區，政府軍不能進駐該三區，阿克蘇、喀什保安團隊改編時，要參加伊方意見（這是蘇聯欲完成其國防外圍唯一之企圖），伊方推薦全省保安副司令。就以上軍事、政治情形觀之，伊方完全勝利，國家吃虧太大。蓋自伊犁暴動後，彼方只能用軍事局部擾亂與威脅，今後不但軍事能在全疆活動，而政治更如此也，今後隨時隨地有發生事件可能，殊可慮也。此次解決是飲酖解喝辦法，是否可以解喝，實無絲毫把握。倘我方不能有所警覺，仍採鬆懈與自唱高調之態度，則新疆必非我有，成為外蒙第二矣。

6 月 19 日　星期三

　　【無記載】

6 月 20 日　星期四

　　財部錢幣司戴銘禮（立庵）上午來晤，談及中孚銀

行事，允予幫忙，想不出好的辦法，並云此事將請示俞
部長，因此余午後特親訪俞氏。據俞云，中孚申訴一案
業于數日前批駁矣，該行尚可再行申訴，財政部對于
此案應付確實困難，如吳老先生（指余）有好辦法，決
定照辦等語。俞氏說話甚誠意，對余甚尊重，余從各方
調查，財政部自知錯誤，無法轉環，只得將錯就錯，而
財政部內部意見又不一致，至令良商無故吃虧，當將此
意函告孫章甫先生。郭寄嶠昨日由滬回京，當日晚間來
談。此次係奉召來京，將另有新的任務，他本人仍想回
蘭州任行營副主任。他對于新疆事變之解決，將來危險
太多。

6月21日　星期五

國共談判停戰十五日，明日滿期，蔣主席命令延期
至六月卅日中午為止。就余觀察，必難有圓滿結果，因
彼此主義與利害各不相容也。立法院吳秘書長尚鷹招待
余午餐，有經濟專家樓桐蓀等在坐，大家都認經濟將總
崩潰，有認為是政治問題。余曰中國幾千年治國方法是
求安居樂業，所謂安居者就是政治，樂業者就是經濟，
因此政治、經濟二者不可分離也，大家都贊成之。

6月22日　星期六

午十二時借中國實業銀行招待郭寄嶠弟等午餐，以
盧郁文、張靜愚等作陪。有在新疆歸來者，有去過新疆
者，大家都認為新疆今後局勢不易應付，省府改組後，
伊犁所推之廳委果能如約到省就職，但許多聯共加入，

則新疆新的問題方纔開始，前途不能樂觀。余曰新局雖然如此，我們為國家計，要多多設法補救。葉元龍兄現任安徽救濟分署署長，余因謀解決中孚復業事，特請其協助。葉本日午後由蕪湖來京，談及此事，允代向各方疏解。

6 月 23 日　星期日

前財政部次長魯佩璋先生在南京國府路、漢府街毘盧寺開弔，余本日上午十時偕繢蘅、昆田、宇龕等前往致祭。魯君久在財部供職，貢獻甚多，與余既是同鄉，感情尤佳。

6 月 24 日　星期一

現在工人因生活高，要求加薪，資方無力償其願，因此紛紛罷工。而學生不滿現政局，組織反內戰請願團，另一方面組織反內亂請願團。雙方旗鼓相當，鬧得社會不安心，尤以經濟日在危險之中，不知將何以善其後也。徐果亭約晚餐，有鄒海濱諸兄在坐。關于中孚銀行事，徐允日間向宋院長進言。

6 月 25 日　星期二

昆田原是蒙藏委員會委員，任新疆省委時，蒙委會委員停薪留職，現則復薪，仍回該會辦公。小魯亦蒙委會委員，任新疆省府秘書長時，開去蒙委會委員，今則新省府改組，行政院再任小魯為蒙委會委員。他們二人均是高級人員，仍能回原職，甚欣慰。郭寄嶠來晤，據

云蔣主席擬派他到東北任省主席，他不願去。陳參謀總長擬留他在中央，他本人仍想回蘭州。他並向陳總長說明，為何不派他任安徽或甘肅主席，陳囑他在京稍待。郭詢余意見，最好任安徽主席，其次甘肅，如為國家軍事前途計，則以在中央襄助軍事為宜，郭深然其說。

6月26日　星期三

郭寄嶠來電話，總裁今午後約晤，令其任國防部陸軍副總司令，余極表贊同。此項任務係管全國陸軍事宜，責任重大，地位崇高，以郭任之最為相宜。郭軍界後起之秀，亦吾鄉後起之秀，現年僅四十餘，將來前途未可限量，出膺方面，乃時間問題耳。曾慕韓兄來晤談（約一小時半），他對于改組聯合政府，就是共產黨不參加，亦應與其他黨聯合改組，以示國民黨決定實行民主，必得國內外之同情。聞有一部份國民黨不贊成即時改組，仍想保持一黨專政，似覺未妥。曾每次與我談話，很注意四川事宜，希望我主持川事，我未同情。今日又談此事，意極誠懇，大意用人政府雖有大權，青年黨可以表示意見，假定組織聯合中央政府，張岳軍或須任行政院長，所遺川事以先生繼任最為相宜。余曰早已無再擔任地方政治、軍事之志願，更無擔任之把握，先生之意惟有心感而已。

6月27日　星期四

陳光甫兄由美回國，昨到京，今日上午來談。據云美國人士對于中國觀感不佳，他此次在美國與人民商業

團體商定投資于中國民營事業，很有結果。此事蔣主席
已經知之，擬日內晉謁蔣主席再詳細報告。通貨無計
劃、無限制任意發行，便易外貨滿街市，以致我工場多
關閉，到處是失業工人，而公教人員生活以至末路。似
此情形，必至總崩潰而後已。

6 月 28 日　星期五

上午十時偕麗安、纓蘅到徐府巷看所租之房屋，現
正修理之中，大約三、五日後可遷住。上午十一時到上
海銀行訪陳光甫兄，共進午餐，至午後二時盡歡而散。
彼此均認為在現狀下，做人能如此圓滿者，此皆天之
助也，他對我平安離開新疆，是修德之結果。蓋光甫一
生以服務社會之精神辦理上海商業銀行，得中外人之信
任。自民國十五年北伐軍到長江時，中間經過八年抗
戰，至勝利時止，效忠黨國，不求絲毫報酬，這是一般
人所不能做到的，苟非修養有素，曷克臻此。更于香港
淪陷前一日冒險飛渝，嗣于前年由渝赴美，今則平安歸
來，一切十分圓滿，乃得天助之道也。

6 月 29 日　星期六

上午接見抗日蒙旗慶祝勝利還都代表團榮祥、巴文
峻、胡鳳山、雄諾、經天祿、康濟民、任秉鈞、巴音吉
爾格勒、殷石麟、卜文瑞及監察委員紀貞甫等。他們都
是西蒙人，大多係余之舊識，他們對于現在蒙政亟為不
滿。余曰盟旗與省縣太矛盾，一切問題皆發生于此，蒙
旗要積極辦教育，配養青年云云。查蒙古本來多頭，現

在頭更多，中央既無一定政策，而蒙藏委員會又不能行使其職權，似此情形，大有江河日下之勢。寄嶠來云，陳參謀總長辭修轉蔣主席意，擬調他任國防部副參謀長，他很不願意，請求仍回蘭州，陳再三勸駕。陳云此事係陸軍顧總司令向主席請求者，陳又云你短時間擔任副參謀長，將來回安徽任主席。余曰你無論如何，須保全陳總長之感情，勉為擔任副參謀長。查國防部組織重心在參謀總長，且有指導海陸空軍總司令之權，陸軍副總司令與副參謀長之比較，則副參謀長權力更大也，郭深以為然。

6月30日　星期日

現在中國面臨嚴重關頭，其情勢之惡劣，視抗戰以前為尤甚，金融紊、財政匱乏、工商凋敝、物價暴漲，加以飢饉在途，兵戈不息，民生疾苦，至斯極矣。中孚銀行停止營業，財政部所持唯一之理由，以該行總經理孫仲立充任偽麥粉統制委員會主席，接濟敵偽軍楣，但總經理縱有未妥，是個人形為，不能影響全體股東銀行法人之地位。現在對于該行善後有下列三種主張：

甲、主張先使銀行復業，則孫仲立嫌疑自然解釋，因此對財政部申訴，而財部批駁之集中點于經理資敵。

乙、主張由余等向蔣主席請求免究孫仲立，倘總經理嫌疑問題能解決，則銀行自易復業。此是端木律師所主張，但國府吳文官長以為請求免究恐無把握，不如請求主席准該行先行復業，較易收效，而政務局陳局長芷町認為請主席批准該行復業，不易做到。

丙、陳光甫兄主張改換該行名號，重開新行，孫錫三君
　　甚贊成，並主張將中孚改為中福，但財政部早經通
　　令，不准開辦新的銀行在案。
根據以上三種主張，各有理由，各有利害。余則主張
一面由該行向行政院上訴，請宋院長幫忙，一面計劃
由余向蔣主席說項，再一面研究以該行為基礎之改開
新行。

7月1日　星期一

今日由牯嶺路六號遷移漢口路徐府巷二號，該屋係三大間隔成五間，前有院，後有廚屋，四鄰樹木甚多，適合余家居住。不過沒有衛生設備，較為不便，但以落後農業國人，應該如此耳。現在朝野人士都想得工業進步國家人之享受，這是國家社會一切病根，都在此一享受也。以我之環境而論，住此房屋似覺太過，較之新發戶住高樓大廈者，不可以道里計也。我如此，我心安。

7月2日　星期二

國民政府文官長吳鼎昌兄來訪，彼此認識雖久，素少往來。彼說現在我可享福。我曰求其心安。彼曰享福並非是享受。余曰你任文官長可以參於大計。彼曰所辦都是雜務與類似門房事宜耳。彼此研究中孚銀行事，未得具體結論，只說上一簽呈與蔣主席亦可，至簽呈如何擬法，未有決定。觀其意，似不欲與聞此事。

7月3日　星期三

陳樹人先生之女公子與梁公子在勵志社舉行接婚典禮，余與佶子先生于午後三時親往慶賀。

7月4日　星期四

政府下令十一月十二日召開國民大會，希望如期開會，勿再延期，以維民信。當前只有遵守三民主義，實行民主，可以解決困難，收服人心。

7月5日　星期五

張廷才偕其子來見，查廷才自幼隨余，時年僅廿餘歲，克苦耐勞，接婚成家，生子、女各一。女由余介紹入朝陽學院習法律，因有病退學，子則入東北大學，再兩年可畢業。因廷才學術有限，其程度與子女相隔太遠，余特強調告其子曰，凡看不起父母者必失敗，比比皆是，你不要看起父母，你要注重體、德二育，如能體、德完備，則知識自然進步。

7月6日　星期六

西藏僧總代表札薩喇嘛圖登桑丕、俗總代表札薩凱墨巴派員送禮，所送西服、衣料等件，不送哈達、佛像等。由此可知，西藏將漸漸有所進步，有所改良。

7月7日　星期日

首都各界追悼抗戰死難軍民大會，今晨九時在國民大會堂廣場舉行，蔣主席準時蒞止領導行禮，並主祭，余亦前往參加。這是抗戰勝利後的第一個七七紀念日，查七七是日本人企圖以武力征服中國，也是中國掙斷枷鎖，以爭取獨立解放。日本是失敗，我們是勝利，成為五強之一，但抗日雖已勝利，而內戰未已，醞釀愈厲，經濟破產，飢饉載道，農輟於野，商輟于市，文化教育更是每況愈下，如此而言建國，又豈能所想像。再資本主義國家與社會主義國家的矛盾衝突未見鬆弛，中國夾在兩大之間，總是左右為難。再次日本雖投降，美國管制政策過于寬容，積極扶持日本工商業繁榮。未來日本

之可怕，當不亞七七前之日本，我們如不覺悟、不努
力，則國勢前途，不堪設想。

7月8日　星期一

青年黨領袖曾慕韓君來暢談，當將其所談轉蔣主
席，大意如下：

一、此次中央政治採主動，收效甚大，尤以延安宣布反
　　美為中央最大成功。

二、將來政府改組，其無黨無派人士，如莫德惠、邵明
　　叔、胡適、顏惠慶、施肇基，均可延攬。

三、五人小組會談，最好專談軍事，不談政治，否則足
　　以引起各黨各派之不安，及誤會政府仍將與共黨妥
　　協，而犧牲各黨各派。

7月9日　星期二

吳少祐本日由北平過南京赴上海，先期來電，余特
于午後一時赴機場迎接。因氣候不佳誤點，時四時始
到，余在機場候三小時之久。別來七年之老友，一朝見
面，歡喜莫名（余于廿八年入藏過香港時見面）。留少
祐小住，即下榻余家，伊談及抗戰八年顛沛，產業損失
為數甚巨，但全家生命之安全，亦不幸中之大幸。余勸
他不要與聞政治，少說話、少批評，可經營商業，解決
自身生活，他很表同情。余最感激少祐者，就是抗戰初
起，送麗安等由滬到港，隨時照料，俟香港淪陷，又派
和生冒險送麗安等到渝，此種精神與義氣，絕非普通朋
友可以辦到者。

7月10日　星期三

　　國際善後聯總署長拉加第亞宣佈救濟物資停止運華，首都人士極為震驚。美國以物資救濟我們，我們不善處理，真正有失國體。拉加第亞係根據上海總署職員三百人之報告，其內容不外：（1）指摘救濟物資運華後，堆積發霉及被盜情事；（2）以救濟物品作政治性之武器。但中國雖否認救濟有政治性，及因交通困難影響分配，然事已如此，人家不能原諒，十分表現辦事人之無能。

7月11日　星期四

　　蔣主席于中午在黃浦路官邸宴請慶祝勝利蒙古代表團榮祥等十人，余與戴季陶、周醒甫、陳果夫、朱家驊、陳樹仁等作陪。餐後與代表團人員談話，囑渠等一切可與余洽辦，主席並詢問佸子先生為何不來，余以頭暈答之。旋客辭退，余再與總裁單獨談話，其要點如下：

（一）關于曾琦事，余首先問八日之函已閱否，答已看過，繼述曾琦希望政府早日改組，末謂曾琦與余感情甚好，彼對主席亦推崇備至。

（二）關于蒙藏委員會人選事，余謂佸子先生年已七十，頭常暈眩，不能擔任蒙藏事宜，佸子並云自民國十五年追隨主席以來，但力與心違，未能有所表績，深感不安。主席答曰俟國府改組時，或應他方要求，將以蒙藏委員位置他方人員，目前仍由佸子維持。余曰佸子實在不能

繼續下去。主席曰那麼你幹。余曰我決不能再
幹。余曰主持邊事必須懂軍事，余過去主持邊
政，幸能收效者，亦因我能明瞭軍事之故。我
可推薦兩人，茲為與國防部配合，以陸軍總司
令顧墨三兼蒙藏委員會如何？主席曰不行。余
又曰朱一民服務西北多年，現在邊疆以內蒙、
東蒙與新疆最堪注意，西藏當前並無多大問
題，故以朱一民接蒙藏委員會，似亦相宜。主
席未置可否，惟曰還是你幹。余曰我決不能，
我可以做主席的邊疆幕僚，將來無論何人出長邊
政，我均樂意從旁幫忙。主席仍再三謂，還是請
你幹。余堅決答曰，無論如何，我決不能幹，以
我二人多年關係，請你原諒我。遂辭退。

吳少祐兄今晨赴滬，約定兩星期內赴港前再與余見面，
彼決定從事商業。中央銀行總裁貝松蓀來訪，據云宋院
長子文對于中孚銀行復業事主張稍緩。余告貝，中孚向
行政院申訴，仍請貝幫忙，貝允請行政院朱副秘書長隨
時注意此事。

7月12日　星期五

倪秘書世雄前次請假回合肥，昨日返京，今晨來
見，據云因鄉間不安靜，只到合肥城，目睹當前情形，
百業蕭條，土匪如麻，租稅不但太重，而且稅目繁多，
一年辛苦耕種之收穫，不夠完納政府之苛稅。因此田園
荒蕪，十室十空，人民生活已至最嚴階段。

7 月 13 日　星期六

中孚銀行復業申訴既經財部批駁，該行決向行政院
上訴，而政院主管申訴事宜係老朋友孫希文兄（現任行
政院參事），今午特約希文來舍便飯，順談此事。據云
該行申訴書已到院，俟理由書送到時，將先交財部答
辯。蓋此案財部與銀行立于原、被告地位，自以派第三
者秉公復查為原則云云。該行就是期望秉公復查，果能
如此，該行確有復業之可能，其時間則須兩個月內外。
希文兄係老同志，與余在民國元年即認識，原籍定遠
縣，善於文字，曾任貴州民廳長等事。

7 月 14 日　星期日

今午十二時半，余與偌子先生在勵志社招待西藏出
席國民大會代表總代表札薩凱滿巴索（即索朗汪堆）
等、蒙古慶祝還都代表團榮祥等，並以蒙藏委員會高級
職員作陪，共計約五十人。此等遠來蒙藏人與內地人團
聚一堂，乃很希有之盛會。席間余簡單致詞，予以慰
勞，尤以今日係藏曆五月十五日，是西藏最吉祥之一
日，是日藏官民休假，敬香降神，遊覽樹林，亦是全藏
人民最快樂之一日。余無意中于今日招待藏代表，該代
表等認為因緣湊合，皆大歡喜。查西藏用陰曆，因去年
閏十一月，故今日為五月十五日。午後七時半衛俊如
夫婦因馮煥章夫婦將出洋考察水利，特為餞行，約余
作陪。

7月15日　星期一

前美駐蘇大使布立特痛詆蘇聯，要以原子彈贈莫斯科，這是美國人對蘇最露骨首次表示，美蘇關係日漸惡化，最後難免一戰，茲將報戴原文黏後。

【剪報缺】

7月16日　星期二

道叔、和俊兩侄先後來京。道叔係為考出洋美國而來，惟投考人太多，他英文程度基礎太差，恐無多大把握，他有志上進，考取與否自有機運在焉。和俊現在安徽救濟分署任工程師，督修淮堤，此次由蚌埠來京，將赴蕪湖向分署有所報告。和俊係吾侄輩中最聰敏者，而英文及各種工程科學均有基礎，但身體較弱，為可慮耳。

7月17日　星期三

西藏俗總代表凱滿巴（索朗汪堆）夫人于今午在北極山莊招待所病故，余特親往弔唁與慰問。凱夫人素來體弱，有心臟病，經多方醫治無效，尤以氣候太熱，不能習慣，亦致死之由也。此次新省改組，財廳盧廳長郁文留任，伊今日來見，向余表示決定辭職。

7月18日　星期四

近日中原與江北等處已發生戰事。據郭參謀次長云，泰興一役，國軍死傷四千人，共軍死傷將賠之。現戰事將開始，不管勝負如何，都是中國人犧牲。孫錫三

由滬回，關于中孚向行政院上訴理由書已準備完成，即
日送院。孫午後復偕李崇年君來見，李在四年前主張余
從事經濟事業。

7 月 19 日　星期五

上午九時偕兆麟回蘇，天氣雖是暑期，但今日陰雲
較為涼爽，兆麟現抗戰後首次回陸墓（北張基）故里。
余等午後二時到蘇州車站，文叔、申叔到站迎接，申叔
係騎腳踏車自東小橋至車站，他于民國卅三年冬，在迪
化因騎腳踏車將左膀折斷，今仍習成，可謂有志。他
的身體亦較昔日為健，他的身高與余相等，其發育較
一般快。

7 月 20 日　星期六

余住宅雖前略為修理暫住，但園荒蕪，不可入目。
今日開始雇工整理，首先去草，然工資太貴，每一男工
日需法幣伍仟元，女工二千五百元。

7 月 21 日　星期日

蔣太太約余及倍子、佛庵午飯，屆時余偕襄叔、馴
叔前往他的住宅，園林大致均已恢復。日前佛堂所供古
佛四尊為賊盜去，以他家都被竊，其他一般社會治安可
想而知。余今日再送佛二尊，均由西藏請回者。今日在
蔣宅午飯，有蔣太太親戚閔女士在坐。閔父朝鮮人，母
蘇州人，閔女士父母故後孤苦零丁，嗣嫁某君亦病故，
迄今已卅餘年矣，此等人何命苦若是焉。

7月22日　星期一

　　余東小橋住宅與園林約地十一畝，經余十多年之經營而成，所有樹木十分八九係余親手種植。在抗戰以前，無處不清潔、無處不整齊，余非常滿意。嗣經抗戰八年，日本人十一家居住，破壞不堪，汙穢不成樣子，如此大園欲恢復舊觀，殊屬不易。余深深感覺，房屋只要夠居，園林以小為是，但需有一塊小小菜地，否則如余現在之園林，深受其累也。

7月23日　星期二

　　訪陳鳴夏、曾影毫兩老友，陳、夏兩人均比余年長。曾于抗戰期間先避湖南，後回蘇州，娶一位新新的太太，生一男一女。余昨日到曾府，據夫人云新的太太因居處不和，自動赴滬，日間當可回來。

7月24日　星期三

　　連日大風大熱，我因在園中看工，稍受熱，身體稍感不舒適，心火上升，牙小痛。其身體與昔年建設此園時相差太遠，有時精神甚好，但不能持久，大有夕陽無限好，可惜近黃昏之感。從前胃病現在都已痊愈，因此病時間太久，仍感胃腸部份稍弱。倪秘書世雄家眷住在蘇州，今日由京來蘇謁余。據云皖教廳派他中學校長，問余意見，余十分贊成，蓋與余主張相合也。

7月25日　星期四

　　大風息，落雨，氣候轉涼。乘午後四時卅七分錫滬

特快區間車赴滬，此班車係預先定好坐位，然後上車入坐，頗有秩序。沿途除在蘇州站停留上下客外，其他各站概不停留，直開上海，非常便捷。此種特快與預先定位，在戰前沒有此項辦法的。勝利後上海旅館總是人滿，旅客大感不便，余特於昨日派文叔先行到滬，多方設法，始覓得南京飯店六樓廿一號房，余到滬後即住此房。該飯店在戰前甚為堂皇清潔，今日零亂汙穢不堪矣。

7 月 26 日　星期五

余此次來滬，擬訪吳少祐、陳光甫諸兄談余個人生活，不料少祐兄已于廿四日飛港矣。午間應光甫兄之約，在其私宅午餐。余告光甫，過去從軍廿年，從政又廿年，今後擬再從事社會經濟十年。光甫兄則表示經濟不能脫離政治，余素來如此主張。蓋光甫在廿年前，對于政治極不重視，今則有此表示，這是光甫之一種進步。不但政治、經濟不能脫離，在現狀下，且必需與軍事連成一氣，方可轉移時局。下午六時半訪暗前行政院長孔庸之先生，談及當前經濟危機。孔先生譬言，目前經濟情勢猶如放風箏者，其風箏線已被折斷，風箏飄搖無法收回，不謂勝利後，我方所接收敵偽工廠不應使之關閉停頓，坐看機器遺失與鏽壞。孔先生復舉其山西方言「與其開一新店，不如整理舊店」為例，語意亦頗深長。總之余來滬一、二日與各方友人接談，多認為經濟情勢日在危殆，現正頻於崩潰之域。

7月27日　星期六

乘上午七時車京滬凱旋特快，八時四十分到蘇州，叫一輛包車到東小橋需費三千元，且要求增加。較之余民國十年來蘇州時，由車站到東小橋不過小洋二毛而已，生活如此高，這是唯一最嚴重之大問題。

7月28日　星期日

仍繼續監工整理園林，惟荒蕪已久，非短時間可以恢復舊觀者，大約至八月二日，關于除草與除野樹可告一段落。至房屋破壞與日人居住時之改裝，曾經修整一次，可以暫住，其他大部份尚待修整，如欲恢復原狀，不易辦到。此種工作，擬待秋涼再行舉辦。

7月29日　星期一

關于申叔讀書之記載

今年春，申叔自蘭返蘇州時，各學校考期已過，經龐新聲先生介紹，得就學本城樂群中學。樂群為教會學校，無高中，不及東吳附中，離家亦較遠。申叔已修畢初二學程，為便于明年升高中，自以轉學東吳為宜。乃東吳格于不招初三插班生之規定，不公開招生，因而由大後方歸來學生有不得轉學之苦。現申叔由韓明夷女士及蔣偉國君先後介紹，得破例投考東吳，然一般無介紹之學生必為數不少也。抗戰勝利還鄉學生，理應得到就學之便利，今則受此限制，不能不歸咎教當局未盡籌劃之功。

7 月 30 日　星期二

今日為陰曆七月初三日，是馴、申兩兒娘娘冥壽，特舉行祭祖。余家在抗戰八年過程中平安過去，皆祖宗之德厚與保佑之結果。平津路安定站美軍遭夾擊，茲將新聞報一段黏後。

合眾社北平二十九日電

美海軍陸戰隊一百餘人由北平乘火車往天津，今日下午三時三十分在安定站遭共軍襲擊。軍事當局今夜稱：中國政府援軍已趕赴出事地點協助美軍。共軍開槍後，美軍還擊，但美軍死傷較重，因預先埋伏於鐵路兩旁之共軍夾擊美軍。客車在安定站停車，俾乘客上下，屆時突槍聲大起，美軍與乘客皆有死傷。美軍為自衛起見，被迫還槍。襲擊共軍人數不能確定，但相當多，可能今晚仍在激戰中。中國政府軍隊除由北平乘另一列車趕往安定援救外，附近各站政府軍隊皆趕往增援。各界極注重此事，因共軍與美軍正式作戰，此尚為初次。

7 月 31 日　星期三

李參事家偉午後由京到蘇，下榻余家。李之老父今年陰曆七月十一日過七十歲，余最莊嚴而最古大號長壽佛尊。中孚銀行副經理孫仲犖在滬為法院拘捕，此與中孚復業不無影響，可以說中孚停業是冤枉，而孫仲犖被捕更冤枉。

8月1日　星期四

偕李參事及申叔乘上八時四十分車赴南京，車中遇
曾慕韓夫婦及劉東巖君。曾主張為應付國內外環境，早
日改組政府，現在局外人認為國民黨無誠意，施延時
間，維持一黨專政，並希望余赴牯嶺謁蔣主席。余答國
民黨一定改組政府，不過時間稍有研究，至余赴牯嶺，
如有必要，亦可前往。

8月2日　星期五

今日分別接見邦達饒幹、華聲慕、馬雲文諸君。查
邦達饒幹係藏族，素來擁護中央，主張改革西藏政治，
向住加侖堡，為藏政府與印政府不諒解，此次英印政府
趨逐出境而來首都，余特加以安慰。又華是維族，馬是
回族，都是擁護中央，此次因新疆政局改變，不能立足
而來中央，現因生活關係想回蘭州，余允從長計議，決
定負他們責任。老同事、老朋友鄧素存兄偕其子夢九來
見，余送他藏佛一尊。

8月3日　星期六

天植、道叔兩姪昨日由合肥來京，今晨來見。天植
近數年在家鄉辦學校，有學生四、五千人，而考入大學
與學院亦有三、四百人。余聞之適合余之主張，十分滿
意，余特加勉勵，希望努力，並希望辦一私立中學。

8月4日　星期日

善後救濟總署安徽分署副署長柯育甫君昨日由蕪湖

來京，今日來見。關于皖省救濟係用以工代振，將食物發給貧民，去冬今春築淮堤及開井、挑塘，現在水大，改修公路。如此辦法，頗得社會同情，而倉庫請美國管理，尤為得體。果總署亦能如此切實做去，何至受國內外指責。

8月5日　星期一

中午與偕子先生在老寶興回教館招待堯樂博士、華聲慕、馬雲文、阿吉甫午餐，並以佘、許、盧三廳長作陪。堯將回哈密原籍，為之送行。華、馬、阿均先後由新來京，藉表歡迎之意。現在華已發表立法委員，馬原任新疆警務處副處長，關于馬到京後之工作頗費研究。華、馬等確是擁護中央，理應優待，倘處理失當，于將來影響甚大，但中央不明斯旨，余只得託佘廳長凌雲研究彼等生活辦法，並隨時予以照料。晚間黎明（伯豪）、黎亞豪昆仲來晤，廣德人。伯豪係陸軍中將，今次已退役，亞豪現任國民大會代表，彼二人即將返廣省親。伯豪久歷戎行，熟習邊情，人極穩練，不可多得之才。

8月6日　星期二

天植、道叔兩姪今晨赴蘇州。入夏以來，以昨、今兩日為最熱，今日室內溫度九十二度，室外走廊一百〇三度，太陽下一百十四度。晚間暴風雨，稍轉涼。我們住徐巷二號，房屋雖小，比較別人家涼爽，因四面都是鄰居樹木之故也。晚間徐中岳兄偕廖運澤兄來見。廖

係安徽鳳台縣人（廖烈士少齋之胞姪），黃浦第一期畢
業，現任山東某集團軍副總司令。據云國軍可將膠濟打
通，全省縣城國軍只佔有十分之一，如欲肅清山東，必
須蘇北得手，然後方可收南北夾攻之效。

8月7日　星期三

孫錫三夜車來京，清晨來見，據孫仲犖雖被捕押，
因無政治關係，情勢並不嚴重，尚可設法取保，在外候
審。查仲犖並非中孚銀行當事者，此次被捕，另有作
用，其不言可知矣。

8月8日　星期四

上午偕昆田到行政院職員宿舍晤孫希文兄，談中孚
銀行申訴事。據云一俟財政部答辯到院，即開審查會擬
定辦法，簽請院長核示，大約舉行複查方法。余特別強
調，該行當事經理人等究竟犯法與否，姑且勿論，但銀
行是法人性質，依法不能停業。例如政府機關倘辦人失
職，只能改組，不能將機關封閉，這是顛覆不破道理。
馮煥章兄昨日來函謂，近因政府在滬撥伊住宅為杜仲遠
夫人居住不讓，託余向蔣主席、湯總司令等進言。余因
馮即將出洋考查水利，早擬往謁，故偕昆田趨訪，順談
伊滬住宅事宜。余告以此等事可不煩主席神，即由余致
函（原信附）上海警備司令宣鐵吾兄，特予設法使杜夫
人早日遷出可也。

8月9日　星期五

上午九時車，兆麟送申叔回蘇州，劉博女士順便赴蘇遊覽，此為劉首次到蘇。道叔昨日由蘇州回京，因此次在京考試出洋，未能錄取，擬明日飛重慶回南潼機械化學校教員原職。余與之作長時間之談話，大意：

（1）在現狀下如想出人頭地之公務人員，必須有能力、有組織，或可達預期之目的。我能力有限，向無組織，你是與我一樣的，我一生單獨奮鬥，對人對事採穩當不欺主義，你亦應照我這樣做去。你雖是軍校畢業，我迭次向各方代為幫忙，均未能收效，何以故，就是無組織之結果也。過去張文白幫忙你，今後郭寄嶠亦可以幫忙你，他二人都是與我私人感情，你只有自身努力，本我單獨奮鬥之精神向前邁進。

（2）我一生公正廉潔，得到社會信任，因此有信譽、無金錢，這是必然道理。我個人是非常克苦的，但本家親戚窮人太多，我是很同情他們，很想幫忙他們，實在心有餘而不及，你應該明白我的經濟情形，轉告家鄉各人。

（3）道叔住京日久，又回家一次，用費太多，不免有所虧欠，特補助貳拾萬元。

8月10日　星期六

現在國內戰事日益擴大，幾有使全國捲入戰禍之勢，一航人民畏共產，希望和平。至經濟一層已在崩潰途中，即需從速設法挽救。其方法：第一，謀地方

安定；第二，減少人民擔負；第三，與美國經濟澈底
合作。

8月11日　星期日

　　前蒙委會委員、班禪行轅秘書長劉家駒來見。劉西
康人，前因與西康劉主席感情未能融洽，影響在中央地
位，蒙藏委員會為應付環境起見，不得不將其委員免
職。惟時已久，事過境遷，請余代為設法復職，余允代
向蒙委會進言。達賴喇嘛姐夫來見，據云前離藏時，熱
振呼圖克圖託其向余致意。查熱振擁護中央，前者余入
藏辦理達賴轉世，熱振任西藏攝政，大權在握，對余幫
助甚多。嗣功成身退，將政權交給達札，自此以後，藏
當局對熱振漸漸表示不滿。余囑轉告熱振，一切要忍
耐，待達賴數年後成人親政時，則熱振一切困難問題自
然勝利解決。達賴姐夫與達賴胞兄下月將回西藏，要求
多給旅費，余允幫助。蓋達賴能說國語，將來執政時必
定接近漢人。

8月12日　星期一

　　天植、襄叔今日由蘇州來京，襄叔將隨天植回合肥
省親。蓋襄叔自民國廿六年抗日軍興，間道赴渝讀書，
由中學而至教育學院畢業。在讀書方面，收穫甚大，惟
其婚姻問題，有高不成低不就之憾。此次擬回合肥教
書，一面選擇婚姻。

8 月 13 日　星期二

安徽省東北各縣淪陷日久，最近相繼收復，十室九空，被難人民流離失所，慘痛之狀，觸目驚心。爰由省會各界組織難民救濟會，發動勸募賑款，推舉余擔任南京方面勸募事宜。復由省派省府委員兼社會處長范任、省黨部劉主任委員真如、省參議會陳議員獻南來京，向中央請求籌撥鉅款，舉辦急賑。本日范、劉、陳三君來見，請余赴牯嶺謁見主席，請照山東例另撥物資。余曰不能山東例，蓋山東淪陷在一百縣，安徽淪陷只十多縣，我當敬心敬力為募捐之後盾，現在可向中央有關機關進行，如必需我向蔣主席請求，我可函電牯嶺，抑或俟主席返京，余當晉謁面懇。馮煥章先生赴美考查水利，本日午後四時安徽旅京各界開歡送會，由余主席，情形甚為熱鬧云。

8 月 14 日　星期三

現在歐亞很多國際問題不能解決，簡括言之，就是美、蘇思想問題。我們中國問題間接關係亦在美、蘇，最後美、蘇難免一戰。人類既免不了此種戰禍，希望早日解決，如此拖延，中國實在受不了。不過美國太矛盾，恐誤時機耳。

8 月 15 日　星期四

天植、襄叔今晨乘津浦上午十一時車赴蚌埠回合肥原籍。余付楊二嫂喪葬費（四十萬）、捐修包公祠（二十萬）、救濟窮本家（二十萬）、襄叔（十萬）、

天植（五萬）、二人旅費（五萬）、買布疋（二十萬）
送親友，共一百廿萬元，此乃余最大之努力。並送四嬸
母、六嬸等皮褥送件，又送黃建六、龔盧雲、六嬸母及
家鄉老和尚藏佛各一尊。

8月16日　星期五

　　駐藏辦事處沈處長宗濂陪同西藏出席國民大會代表
等來京已數月矣，沈不願再回西藏，迭次託余設法。頃
來云，蔣主席已允其可不回西藏，惟須妥覓替人云云，
特來請余選人接替。余曰印度既可獨立，西藏事較易
辦理，不過錫金、不丹等三小國，英人是否放棄既得權
利，尚是疑問。但選駐藏處長，要有下列資格：（一）
熟習英印外交；（二）明瞭西藏情形；（三）得蔣主席
之信任；（四）身體強健。如有以上四種資格，方可擔
任，最好由主席侍從室派人最為妥當。沈又云西藏此次
派代表出席國大，我方可乘機派報聘訪問團入藏。余答
曰此事可以照辦，不過經過印度護照，英人不易同意，
如由陸路前往，似有未便。

8月17日　星期六

　　美政府已開始肅清政府中共產黨與接近蘇聯份子。
據國務卿貝爾納斯宣稱，偵察三千餘職員結果，二八五
人不能雇用為永久職員，七十九人免職，另有四十人因
某國過于接近，亦被免職云。此一舉動，是美國反共、
反蘇最公開、最明朗，因此美、蘇關係愈走愈遠，最後
難免一戰。我們中國是戰場之一，人民苦矣。美國民意

測驗，大多數反對蘇聯，主張對俄採取堅定立場。蘇聯真理報又著論反美，大施抨擊。

8 月 18 日　星期日

迪化張主席來未文電，大意：

（1）和平雖告完成，而有關各項善後事宜，迄未獲得完全協議，渠等（暴動份子）似仍意使三區（阿山、伊犁、塔城）保持其特殊。

（2）省府改組後，貿易公司已成為對方主要目標之一，為息事寧人起見，經決議將其撤銷。

（3）財政困難重重，非借助盧廳長不可，擬請就近敦勸即日返迪等語。

查新疆此次和平談判完成，于中央利少而害多，對方既已軍事勝利，繼之政治成功，最後將貿易公司撤銷，達到蘇聯自由活動之目的，且教育又早為對方掌握。我方為應付環境，事事將就，對方知我弱點，事事強求，倘我方在新軍事不能有相當之準備，以及第三次國際大戰不能有所轉變新疆，則新疆危矣。蓋當前新疆之盛衰，皆在蘇聯之一念。茲復文白主席一電，大意：吾兄以光明寬大之精神，獲得新省目前之和平成果，惟渠等既貪得無饜，得寸進尺，我方仍應有所準備，俾免萬一。至盧郁文兄返迪供職一節，曾經迭為進言，頃又將所囑詳達，惟渠辭意甚堅，事實上確有困難，良非得已。倘兄處現有繼任之適當人選，似以另派為宜也。忠信。未巧。查張文白兄之個性好面孜、重感情、愛和平、幫朋友，這是優點。尚宣傳、看事易、輕然諾，這是他的

缺點。他對我感情最好，對我幫忙與尊重，我是十分
感激。

8月19日　星期一

政府調整外匯匯率，取銷出口關稅，用以鼓勵
輸出、扶植生產。政府為維持目前之危機，決非經
濟根本解決的辦法。今日中央銀行掛牌美金外匯率
三千三百五十元（原來是二千零二十元），各貨均告上
漲，金融市場大波動，焙金美票突飛猛進。手頭有法幣
人，沒有買黃金與外匯，自嘆命薄而已。公務人員生活
調整不久，又要受新的物價高漲之威脅。

8月20日　星期二

庸叔昨日考金大附中一年級，今日口試，因天熱受
暑，忽發熱臥床，不能起身。此乃早時不溫課，臨時抱
佛腳之故也。中央發總動員令，從此全面內戰暴發，可
能是第三次世界大戰導火線，中國是先受痛苦之國家，
殊為痛心。現在唯一期望馬歇爾元帥與司徒雷登大使最
後斡旋和平之成功。

8月21日　星期三

韓竹坪先生（名韓安）來晤。韓巢縣人，六十五
歲，留學美國習化學，迭任安徽省府廳長等職，現任中
央林業實驗所所長。該所管轄國內林場甚多，彼此暢談
林業計劃。

8 月 22 日　星期四

青年黨內部分裂

　　曾慕韓（琦）、劉東巖前赴牯嶺晉謁蔣主席，日昨歸來。今晨兩君來晤，據云青年黨有周濟道（贛人）、朱維琮（蘇人）二人宣布另成立新青年黨，同情民主同盟及中國共產黨。該周、朱二人確是漢奸，周曾任偽農林部農業司司長、偽經濟委員會委員、偽少將參贊武官。朱前任偽司法部總務司長、偽經濟委員會委員。該周、朱二人既做漢奸，反而要求成認他係奉青年黨命令做地下工作，又要求派他做國民大會代表，這是青年黨決做不到的，因此先發制人，實行反動。此次在牯嶺時，已將該二人情形報告蔣主席，請求法辦等語。查周、朱二人之舉動，與青年黨之實力與信譽都有損失，其內情複雜固不待言，而有人背後操縱，亦意中事也。

8 月 23 日　星期五

　　最近國際間發生兩個較為嚴重事件：

（1）為歷史上所必爭達達尼爾海峽問題，蘇聯忽向土爾其提出兩項要求：（甲）由黑海國家管理海峽；（乙）蘇聯與土爾其共同負保衛之責。查此問題影響和平甚大，牽涉世界霸權及戰略關係，美、英、土已一致反對蘇聯之要求。

（2）南斯拉夫擊落美國飛機，美向提最後通牒，限二日內交出美國飛行員。同時美報斥蘇、南勾結，美將不惜爭取最後勝利。

8月24日　星期六

孫總理中山先生原配夫人盧太夫人、孫哲生兄之生母本年八秩大慶。余送對聯，以表敬意，其文如下：「補天資內助，扶杖見中興。」當總理于民國元年在南京任臨時大總統時，總理常偕老夫人到公共場所。余當時任南京警察總監，亦常與老夫人見面。

8月25日　星期日

上午十時偕庸叔出外散步，經唱經樓至大石橋，再北門橋歸家。此等地方均係余少年久遊之地，感想特別濃厚，特別深克，永不能忘。尤其大石橋是余十八歲時（清光緒廿七年）到南京入練兵學堂初期習陸軍之處所，回想四十五年前，大石橋北面沿河一帶空地是我們當時小操場，接連操場北面是湘軍打平洪楊後之昭忠祠，即以該祠改為我們學校。大約二年乃至三年之時間，又將練兵學堂改為將備學堂，並請日本陸軍大佐板田虎之助任總教官，另在小營建新校，遂即遷移。現在該處是軍令部製圖廠，原祠學堂房屋大部分破壞，另行改造，而小操場亦建很多房屋在此。四十五年過程中，大石橋之四週幾如隔世，真正令我不堪回首也。由大石橋東行不遠，有現國立中央大學（從前是空地，規模宏大）。余更想起余廿三歲（清光緒卅二年）任營長時，某日乘馬快行，在該校東墜馬，余衣服及腿、背等處都跌破，因年輕體健，仍乘原馬回營（在花牌樓東）。假定以我現在六十三歲，如此墜馬受傷，恐不能再起矣，特留言以勉青年人：「少壯當努力，以免老大傷悲」。

8 月 26 日　星期一

錄俗語

家有賢妻，丈夫不招橫禍。

現在要人身敗名裂，大半都在女子，倘妻不賢，家庭必失敗。

君子之交淡如水，人生關鍵在防閒。

淡字、閒字最關重要。

8 月 27 日　星期二

前阿山專員高伯玉因軍事失敗，地方淪陷，他亦被俘，余恐其生命難保，今能安全歸來，實不幸中之大幸。據高云當阿山彈盡糧絕，擬向外蒙退，為哈匪所擾，退不過去，因此失敗。查高是文人，在阿山危急時，他已盡責任矣。又據高云此次事變，阿、塔、伊漢人軍民死傷約六萬人，此仇不報，何以家為。盧郁文、佘凌雲、徐與可約晚餐。據盧云，張主席已准其辭去財政廳長職，感謝余向張主席代伊說話之成功。余曰你不要感謝我，但張主席聽我說話准你辭職，我實在對不起張主席。

8 月 28 日　星期三

馮煥章（玉祥）先生奉命赴美考查水利，今晨乘火車赴滬轉輪放洋，余特親往送行。蔣主席由牯嶺來未有電，約余赴牯一談。余決定卅日偕魯書先生乘中航機前往。晚間國防部郭副參謀長來談，據云現在要把握士氣、把握人心，其所不能振作者，其關鍵都在經濟。與

纕蘅、彥龍、宇龕等談余之出處，余離迪化即決定不再
負中央（部會）、地方（省）行政實際責任，此次赴
牯，此主張不變更。

8月29日　星期四

　　午後五時偕宇龕、彥龍乘小舟遊後湖，此乃抗戰勝
利後余第一次遊湖。晚七時周部長貽春與孫錫三先生招
待晚餐，並有孫希文、孫鴻芬諸君在坐。同席十人中除
孫錫三，其餘九人都是先後在貴州省府做過工作。

8月30日　星期五

　　晨八時偕魯書、兆麟及兩子同赴機場，送行者有纕
蘅、郁文、慶宗、昆田、芋龕、載一多人。機八時五十
分起飛，同機有吳鐵城、張厲生、谷正鼎、張篤倫諸
君。十時四十分機降潯江北岸，有國府黃君招待。遂趁
小兵艦渡江，在中央銀行午餐後，與吳、張兩君同乘一
車至蓮花洞，催輿登牯嶺，抵仙巖客寓已四時矣，余寓
五十七號，魯書寓廿四號。余此行因熟人多，談笑生
風，故不感寂寞。顧默三司令已多時未晤，伊今由牯下
山轉京，余與其邂逅於中央銀行，接談頗歡。今在登岸
後至銀行途中，為繫舟之纜繩絆跌，余已卅年未跌，今
雖傾跌，幸僅膝手兩處皮傷，並無恙也。二十六年行政
院各部會暑期在盧山辦公，余亦來此，適值日本擴大盧
溝橋事變，當時蔣主席兼任行政院長召集各部會首長開
會，決定抗戰，蔣主席發表宣言後，余即返京。今抵牯
嶺，乃戰後之第一次也。

8 月 31 日　星期六

下午五時半謁見蔣主席，計談四十分鐘。其談話要點於下：

（一）主席謂西藏熱振派有代表到川，擬來中央，詢余已否知悉。余云曩年在藏，熱振曾談，因見上幾輩藏王多無良好結果，自問亦難逃例外，擬待達賴坐床典禮完成，地方安定後，即行告退。嗣伊果將政權交與己之親信達札，約定三年後仍歸還熱振，而達札不但未履行諾言，反摧殘其勢力。熱政素親中央，故派代表請求中央援助，事機不密，曾犧牲數人。主席擬欲余赴川與該代表一晤。余云將來如果需要，我當親往一行。余並謂，該代表謁見主席，宜待西藏出席大會代表去後，再召會晤。主席云本案現在吳文官長達銓處，囑與其一談。

（二）談及西藏派員出席國民大會代表。余曰理由有二，一因吾人抗戰勝利，一以英人在印勢力已漸退出，故不得不加強聯絡中央。余又云即使英人允許印度獨立，但英人與不丹、尼泊爾、哲孟雄三小國另有條約，其在三小國之勢力如不退出，仍須妨害吾人經營西藏。主席云此言甚對，彼不願退出也。

（三）談及沈宗濂請辭西藏辦事處職事。其結論允其辭職，另覓替人，惟須俟西藏出席國民大會代表任務完成後始行發表。蓋以藏代表係與沈同來，此事終始必須由其一手辦理，方可收事半

功倍之效也。

（四）談蒙古。余云現在蒙古派別甚多，缺乏領導人，
吾人無法一一網羅，遇事只能相機處理，主席亦
以余言為然。余並云邊人好利多疑，總之缺乏知
識者，決定多疑也。

（五）談新疆。余云新省之事係以國際形勢為轉移，惟
在國際風雲尚未明朗之前，必須仍以實力為後
遁。主席云應如何處置？余謂我前次曾有保衛大
迪化之言，現在更應加強安西、酒泉、哈密之線
之實力，以為迪化之後援。

（六）復談政治與軍事。余云政治要把握人心，軍事要
把握士氣，但此兩事關鍵則全在經濟，然仍要以
軍事為第一。把握人心在消極方面，要做到能保
民不擾民，把握士氣應不再縮編軍隊，且遇有必
要收編者，尚須予以收編，以安反側。

（七）談黨團。余云黨團運用現似嫌不夠，例如參政會
僅有二、三百人，本黨且佔多數，因運用未盡
善，事遂不能貫澈。至於國大代表人數幾多參政
員十倍，現在必須加強黨之運用與改良，運用尤
須注意黨外運用。曹君經沅乃多年同事，伊對青
年黨黨員頗有聯絡，我認識曾琦諸人，曹君實為
津樑。余並云曹君在國民大會頗有力量，現將其
在大會中所作各事之節略呈閱，即知詳情。主席
接節略後，詢此人現在何處？余謂現任國民大會
代表及立法院委員。

最後，主席與余共進茶點，詢余最近去蘇州否？余答常

去，但住京時日較多。嗣向主席云，擬即離牯嶺返京，
主席囑多盤桓數月，遂盡歡而散。

9月1日　星期日

　　晨八時二十分起床，即奉蔣主席電話，囑參加青年團二全代會開幕典禮，余即往傳習學舍禮堂。開幕禮於九時與總理紀念週合併舉行，蔣主席兼團長主持，並致訓，分析年來國內外形勢，勗勉全體代表認清使命之重大，努力工作，以達成革命任務。至十一時半典禮完成後，余即離會返寓。下午訪吳文官長達銓，商談熱振代表請求中央援助一事，因本案卷宗尚有一部分在京，現正趕調，俟調來再商洽處理方法。又訪政務局陳芷汀先生，談邊疆事宜。江西王主席方舟昨來暢談藏事，伊曾住藏三年，孰習藏情也，渠今約余午餐，殊深感謝。

9月2日　星期一

　　早餐後偕魯書乘輿出遊，先南行，沿途多樹，絕少行人。抵黃龍寺參觀菩提寶樹，樹兩株，幹挺直，腰圓數丈，高達數尋，枝葉蒼天，偉大壯觀，蓋數百年古木也。在寺小坐片時，即下坡遊覽黃龍、烏龍兩潭，山澗流瀑，潭水碧清。復轉西行，沿途橋樑、房屋均已毀圯，路更難行。輿夫云，此去大天池一路已七、八載無人行走，現始斬荊劈棘，勉可行人，故近由此路游大天池者仍屬寥寥。抵天池寺禮佛後，登廟頂縱目北望，長江如帶，良田萬傾，胸襟甚爽。復登輿至仙人洞，洞府天成，供有呂祖神像，遂由大林路牯嶺街返寓，已下午二時。余與魯書同在仙人洞口攝影，以紀此游也。

9月3日　星期二

　　昨日下午西北行營宋參謀長希濂來訪，云攜有張主席呈總裁之親筆函。其中大意謂新疆前途危險，必須加強實力，且近來身體甚弱，新省主席一職，擬請派蔣□□接替。宋並云，前曾面告張主席，新疆如由你手丟去，恐負不起歷史上責任。又云已與蔣□□面談，伊表示無把握任此事。余與宋云，我與總裁談及新疆，強調是國際問題，並強調必須加強其實力。余又告宋，我最初主張以郭寄嶠任新省主席，文伯任西北行營主任，對伊黎方面成可和、可戰之局面，其後不知如何演變而成為張任主席。以現在之局面，蔣既不會去任主席，其他人員決無法接替，除非現正在新者，如你及陶總司令，或可擇一擔任。宋曰張先生如不任主席，兩位副主席必爭繼任，其一為伊黎聯共，一乃無能力之人，而此事又難辦到，如另派他人，必起糾紛，是毫無疑問的。余曰，我與張先生係很好的朋友，張先生處境如此困難，已成進退維谷之勢，我甚感不安。總之新疆隨時有發生變化之可能，中央諸公尚未澈底明瞭，吾為新疆前途憂，擬下次晉謁總裁時再為呼籲。午十一時偕魯書訪魏道明君夫婦，承留午餐，並暢談國際形勢。結論彼此均認為美、蘇兩國終必一戰，惟兩國現均避免戰爭。

9月4日　星期三

　　午後三時半與吳文官長見面，談熱振代表事。此事經過情形如下：
一、熱振在藏失勢，其反對黨逼之甚厲，並勒令繳出自

衛之武器，形勢危險。因此密派代表抵西康，由西康參政員格桑悅喜介紹見劉主席。劉復轉介四川行營張岳軍主任，張函請吳文官長轉呈蔣主席核示，同時軍統局駐藏人員亦有同樣之報告。當由吳文官長將各種情形簽呈蔣主席，奉批：約吳禮卿委員來廬一談。此乃余來廬經過之情形也。

二、劉主席請求發表其為重慶行營副主任，負責辦理藏事。

三、該代表要求中央予以實力之幫助，並發給其武器，以便推翻現在之藏政府。

四、余與吳文官長研究此案之利害。現在熱振勢力毫無，且其名譽太壞，惟因其一貫擁護中央，當然予以同情，但以中央現在內外之政治環境，決不能、亦不須對藏加諸武力。尤其西藏出席國民大會代表現正在內地，而印度又已獨立，西藏局勢有好轉之可能，更不能扶助失勢之熱振，而得罪有實力之現藏政府。

其對策，由軍統局電拉薩辦事人員秘密轉告熱振，親筆函已收到，稍緩再復。由張主任招待該代表等，並告該代表，俟西藏出席國大代表回藏後，蔣主席再延見該代表等。由文官長函張主任，如該代表即須謁見蔣主席，擬派吳委員忠信來蓉代見。西藏出席國大代表事，以及對藏其他問題，由蔣主席命令蒙藏委員會督同駐藏辦事處沈處長宗濂妥為洽辦，並將辦理情形隨時呈報。此對策已由吳文官長簽呈蔣主席請示。

9月5日　星期四

今偕魯書赴大林寺禮佛，往返十餘華里均步行，歸來余尚不覺喫力。牯嶺天氣寒燠不定，余不慎受寒，又稍多食，遂感不適。可見人之飲食，亦不能不慎也。

9月6日　星期五

現擬回京，特於今晨上蔣主席一函。原文如下：關於藏事，業經與吳文官長面洽，並由其簽請鑒核。現擬日內返京，公如有暇，敬請賜示時間，以便晉謁為叩云云。午後吳文官長電話云上主席簽呈已奉批照辦矣，吳並約明日上午見面。

9月7日　星期六

蔣主席原約午後三時半見面，余準時前往，因其四時至夏令營點名，故只談話二十分鐘。談話要點如下：
一、余赴川一事，已由吳達銓兄向張主席函商，如需要余去，當再前往。主席云岳軍患病，即擬赴美醫治。
二、談中孚銀行事。首先報告中孚曆史及業務，抗戰勝利後，財部曾派低級職員向中孚查帳，言其有通敵嫌疑，遂令之停業。查滬上銀行界有真正通敵者甚多，聽其逍遙法外，對於中孚如此處理，殊屬不公。且銀行係法人，例如某一政府機關違法，只能辦其當事人，而不能罪及其機關，因其係法人也。該行向財部聲請複查，經其批駁，不得已始向行政院申訴。又該行係安徽惟一之銀行，而孫家股

東又是余之親戚，彼等請我主持，我為正義起見，故接受其請求。我曾詢中行貝淞生對於中孚之觀感，貝曰實在冤枉，我又詢陳光甫，陳云，我有成語兩句：「閉門家中坐，禍從天上來」，其意思即中孚是守規矩銀行，與政治中人少往還。吳文官長亦深知該行情形，宋院長家與孫家亦有歷史關係。孫家赴美求學者，先後有二十人，他們回國均係辦實業，不做官。司徒雷登曾以其個人名義函財政部長，說明伊在日本集中營數年，均受中孚接濟。主席曰不應找外國人。余云他係用私人名義，無甚關係。余又云中孚係惟一民營銀行，投資於工廠，適合現在經濟之需要。我本想當面與宋院長講，恐怕當面說不妥當，現想請你與宋說一說，主席係國家元首，又是行政首長，可以向行政院說話。主席最好能寫一簡單信與宋院長，其寫法就說中孚銀行可以准其復業，詳情由禮卿兄代達可也。主席答曰我打電報去。主席又云這個銀行是那個中字，余即將事先寫好請求准予中孚銀行復業、余之名片，由袋中取出與之。

三、談懲治漢奸事。余曰淪陷甚久的地方，人民多與敵偽往還，以現在懲治漢奸之辦法，乃大啟敲詐及報復之門，引起社會大大不安，政府是很喫虧。我的意思，辦幾個大漢奸就夠了，其他不必多事追求。

再談新疆。余曰你可騰空時間，詳詳細細問問宋希濂參謀長，新疆隨時要出事的，必須準備空運方妥（這幾句話，係宋希濂託我講的）。

余即告別。主席云你很辛苦，余云沒有甚麼。主席即面諭副官為我準備飛機，遂道謝辭出。余到此，對於中孚事考慮數日，終久要報告蔣主席，而陳政務局長芷町亦主張余報告。尤其中孚正向行政院上訴，實為轉變關頭，故決心乘此時機報告。雖蒙主席允准，但將來院部有無另外變化，尚不可知。吾人應慎密應付，不可過於樂觀，假定中孚從此順利復業，真為余來牯嶺料想不到之收穫也。

9 月 8 日　星期日

余決定返京，交際科已準備飛機，明日可行。今在此修息一日，略事遊覽。宋參謀長希濂午後來訪，再談新疆各事。

9 月 9 日　星期一

上午八時半乘轎下山，至觀音洞轉乘汽車，于十時四十分到九江，適吳文官長鼎昌、陳政務局長芷町等亦下山回京，均在中央銀行休息午餐。午後二時半過江，略予休息，上飛機，三時半起飛，五時十分到南京。此次在牯嶺旅舍以及飛機等等交通用費均承蔣主席派員特別招待，深為感激。

9 月 10 日　星期二　中秋節

清晨往晤行政院孫參事希文（主辦中孚銀行事）、糧食部徐部長可亭，告以此次在牯嶺與蔣主席所談中孚銀行之經過，並託徐部長向宋院長子文說明此案。據希

文云，如宋將蔣主席來電發下，則可撤銷中孚之申訴，
改為行政處分，准中孚先行復業。否則尚須經過復查。

9月11日　星期三

　　因初由牯嶺歸來，又值中秋節，昨、今兩日來客甚
多，大有迎接不假之勢。午後徐部長可亭來告，已晤宋
院長子文。宋有意准中孚銀行復業，至該行當事人犯法
部份，另案辦理，並約余明日見面細談。

9月12日　星期四

　　宋院長子文既約余見面，特于今日上午九時前往，
比即晤談。據宋云，蔣主席電已到。余曰向蔣主席報告
中孚，完全為院方應付此案便當之故，繼曰中孚銀行停
業實在冤枉。宋曰聞黨部陳派要這個銀行，答曰我負
責，一切不成問題。宋曰為何銀行停業，不辦當事人？
余曰部方錯誤。余曰中孚銀行內容，你比我清楚，中孚
是唯一民營事業，投資于工業，適合現在與將來經濟之
需要。宋曰必須單純復業，假定有黨派參加，對外很不
好看。余曰當然，將來我任董事長，如擴充資本，絕對
不收官股，一本民營精神切實做去。宋曰正向財部調
案，余曰此案在行政院，可逕調一閱。又將余由軍事轉
移政治，今以年老，更由政治轉移經濟向宋說明，宋誠
懇允予幫忙。余又曰中孚自停業後，損失七、八萬萬之
多，務請早日復業。計談廿分鐘，歡喜而散。蓋宋與
余感情素佳，談話易于接近。總而言之，宋已允該行
復業矣。

9 月 13 日　星期五

安徽省李主席品仙昨來訪，談及皖北水災浩大，與收復之匪區急待救濟，特來京向行政院請振款。惟院方認為數字太大，尚在考慮，余允幫助。繼又談及皖人反對李氏，希望余疏通。午後與孫錫三關于中孚銀行，談話有四小時之久，係檢討過去閉關之失敗，將來必須化家為國、為社會。

9 月 14 日　星期六

財政部錢幣司長戴銘禮來訪，仍談關于中孚銀行事。彼表示限于立場之為難，將來如院令到部，彼必立即照辦。總之財政部處罰中孚銀行太過，亦不應該如此處罰。余家庭自民國三十年起，時感不歡，余心中很不舒服，亦很憂慮。明日（古曆八月廿）惟仁夫人六十三歲生日，麗安帶光叔赴蘇州為其祝壽，從此余家團結，將來必幸福無量。麗安係抗日勝利後首次到蘇，亦是光叔出生後首次到蘇。

9 月 15 日　星期日

既得宋院長贊同中孚銀行可以復業，特于今日上蔣主席親筆一函報告此事。大意如下：關于中孚銀行事，宋院長已約信詳談，彼贊該行復業，由信任董事長。鈞座與宋院長晤面時，乞賜促成，早予復業，謹此陳報云云。

9月16日　星期一

陳果夫午後與余見面，偖子亦參加。陳說關于中孚銀行，最近他之所聞，更為黨費自籌起見，希望將來該行復業參加股本，余允復業後可以考慮。余又談及偖子先生決辭蒙藏委員會，余亦決不再回任，商量繼任人選。計談一小時之久，十分滿意。蓋中孚本身固多困難，而中央各派又多欲取之，意見很不能一致，影響該行復業。由余出面辦理，各派均贊同，已無隔閡矣。現在關鍵在行政院，余請求撤銷該行申訴，以行政處分准該行先行復業，行政院或維持申訴派員復查。此不過拖延時日，于復業當無多大問題。麗安偕光叔今午後由蘇回京，馴叔同來，蘇州家中均平安，甚慰。

9月17日　星期二

現在文武官吏失業太多，而人民經八年抗戰之破壞與損失，更加戰後國共兩黨之全面鬥爭，人民日在饑寒恐怖之中，已成社會上嚴重問題，究不知何以善其後也。吾全付精神注重于中孚銀行之恢復，日前將經過情形函告陳光甫兄。他復函略云中孚得兄主持，復業必可發揚，當隨時效勞匡助。又奚東曙兄來函，中孚復業想任該常務董事，這件事當在復行以後，方可決定。

9月18日　星期三

午後偕偖子、彥龍、芋龕五洲公園散步，時屆初秋，天清氣爽，身心為之一快。

9 月 19 日　星期四

安徽李主席約余午餐，有徐部長可亭、周部長貽春以及安徽同鄉陳方先、方希孔諸君，席間談水患、匪災，安徽力量有限，必需請政府救濟。孫章甫先生由北平南下，今日來京晤談。余將此次接洽中孚復業，與余出面負責之意義詳為說明，伊十分明白，十分表示感謝。蓋章先生係現中孚銀行董事長，又係孫府之家長。又青年黨楊叔明兄午後來暢談。託徐可亭兄轉告宋院長子文，中孚損失太大，每日需三百萬開支，如此拖延下去，多增復業後之困難，務請早日復業。

9 月 20 日　星期五

偕子先生今日七十歲生日，午十二時在新街口蜀中飯店午餐為其祝壽，陪客都是素來知己，除麗安外，有纕蘅、誠菴、昆田、叔仁、芋龕、兆麟等。午後陪同偕子乘小舟遊後湖，偕子性趣甚佳。余與之約，八十歲生日余必作壽慶祝，或同遊西湖。晚間昆田、芋龕、誠菴在余家設席為偕子祝壽，余全家作陪，皆大歡喜。

9 月 21 日　星期六

安徽省政府參議許耀洲君（桐城人）夫婦迭來見，請求代向李主席進言。蓋自抗戰迄今，皖省政權都屬于廣西同人，余在過去雖與廣西領袖們有政治歷史之關係、有私人之感情，但從未介紹廳長、委員、專員，就是縣長以及低級職員亦未曾介紹，此可表示余對安徽政局大公無私。今為徐君事特破例代進一言，故約皖省駐

京代表夏馥棠君面談，請轉告李主席于可能範圍酌予任
用，並一再聲明，萬萬不可勉強。

9月22日　星期日

　　段茂瀾（觀海）、鄭道儒（達如）來訪。段現任馬
尼剌總領事，調駐英大使館公使，待遇參事，段通數種
外國語文，信情爽厚，外交新露頭角之人物。鄭達如原
已任命為東北長春省主席，因事未能到任。據鄭云接收
東北之失敗，原因有：（一）時間遲了兩個月；（二）
中央派赴東北工作人員，開始即鬧人事問題，發生意
見；（三）派赴東北人員，看事太易，偏重理論，不顧
事實，尤其未能看清大者、遠者。因以上原故，共黨乘
機由山東、察、熱侵入，演成當前困難局面。教育部次
長杭立武君來見，安徽人，留英習經濟，年力富強，精
明強幹，前途大有可為。黃朝琴兄由台灣來京，今日午
後來訪。黃台灣人，留學日本、美國，曾任舊金山、加
爾格達總領事。余前過印度入西藏時，彼正在總領事任
內，余一切外交都由黃辦理，甚為妥當，與余感情尤
佳。抗日勝利後，首先飛往台灣，嗣任台北市長、台灣
外交特派員，現被選為台灣省第一屆省參議會議長。黃
本是台灣資本家，在美國畢業後不願再回台灣，效忠黨
國，此種志氣令人可佩。黃不但懂外交，更懂經濟，是
台灣唯一人才。遂即約彼晚餐，佶子、纕蘅、彥龍、芋
龕作陪，彼等均是黃之舊識。

9 月 23 日　星期一

中午十二時在蜀中飯店招待孫章甫、孫錫三叔侄午餐，以周部長貽春及鄭道儒諸君作陪。今晨白雲梯君來訪，談及蒙古自治問題，彼此長時間交換意見與研究，均主維持現狀，分設蒙古自治政務委員，擬仿綏遠例，熱河亦設此會，不贊成設統一蒙政機構，因蒙古東西數千里，不易指揮。

9 月 24 日　星期二

最近戰事，共軍圍攻大同四十五日，經綏遠軍隊增援解圍，現正會同河北、熱河圍攻張家口，指日可下。江北國軍收復共軍據點之淮陰後，現正南北夾攻，則江北軍事不久當告一段落。如此，則平津與首都可以減少威脅。但社會困苦還是無法解決，政府諸公，必須愛民，方有希望。

9 月 25 日　星期三

蔣主席來電謂，「九月十五日函悉，所請促成中孚銀行復業事，已電告宋院長辦理矣。中正。申敬府交京印」等因。查余十五日之親筆函，係報告與宋院長晤談之結果，並請蔣主席與宋長晤面時，乞賜促成早予復業。而蔣主席不待與宋晤面，即先電宋辦理，是給我莫大面孜，令我十分感謝。當將函電經過情形，由昆田面告行政院主辦此案孫希文兄。據孫云十日內可發表復業命令。此案有此一電，更有進步，前途真可樂觀。

9月26日　星期四

文叔本日由蘇州來京，報告蘇寓平安，甚慰。不過蘇寓園屋都大，人少不易居，而京寓人多，屋少不夠住，矛盾極矣。文叔生一女孩，余為提名振耀。余原預擬孫輩名單，係「家、邦、鼎、盛、基、業、興、隆」，因盛字音不亮，隆字犯祖諱，茲改正「家、邦、鼎、耀、基、業、興、昌」。道叔前生子女三人，已用家、邦、鼎三字，文叔女則用耀字，以後再生，則用以下諸字。

9月27日　星期五

本日與端木鑄秋、孫章甫、孫立三詳談中孚銀行即將復業應行注意各事件，該行內部意見不一致，擬派芋龕付滬代為調整。又據孫希文云，該行復業命令，旬日內可公佈。國防部白部長崇禧來訪，據云各戰場戰事大勝，前途大可樂觀。余送白千餘年回文經典一部。

9月28日　星期六

偕麗安于昨日午後街中散步。叔仁由滬回京，即日內赴當塗解決田租事。文叔今晨回蘇州，或將赴中國實業銀行工作。

9月29日　星期日

上午九時訪司法部謝部長冠生，談孫府事：

（一）孫家上海海格路范園被法院封閉，此屋是孫仲立父親產業，孫老先生七十二歲，住此屋已卅

餘年，並非孫仲立產業。謝允命法院慎重處
理，並囑孫家拿出證據。

（二）孫仲舉案，法院根據無名信而捕，仲舉現雖保
出，案應撤銷，以招公允。謝允令上海法院查
明辦理。

（三）余告謝將出任中孚董事長經過，他很贊成，余
請其幫忙一切。

芋龕由滬來電話，據貝淞蓀云關于中孚復業一案，宋院
長有全案送請蔣主席核辦之說，囑余注意。果爾，是宋
院長恐負責任之故也。中孚復業已夠麻煩，另有法院捕
人封屋問題、阜豐廠同人要求利益問題，就孫家整個工
商情況觀之，真是百孔千瘡，有一髮而動全局之勢，余
當本正義為之幫助。以余四十年辦事之經驗，以此次幫
忙為最辛苦、最棘手，我已盡最大努力，結果如何，自
有天命存焉。戰事勝利後軍隊縮編，至編餘軍官約二、
三十萬人，分在各處辦理轉業訓練，其在首都轉業警察
訓練一門，安徽約有三、四百人。本日上午十一時，安
徽轉業警察同學在夫子廟六華春聚餐，請余參加訓話，
余準時前往。席間首由方師岳君報告宴會意義，繼由余
致詞，大意為：（一）自我介紹，並謂余由民初亦由軍
官轉業警界；（二）轉業各軍官在過去八年抗戰中，對
黨、對國均立有偉大功勛，此後轉入警界，責任當更重
大；（三）警察學問包括最廣，凡政治、社會、經濟、
軍事各種學科，莫不包括在內，希望各位加以努力；
（四）建國必須建警，世界各國無以國防軍負治安之責
者，我國現當建國時期，欲保持安寧秩序，使建國得以

次第實行，則必須有良好之警察；（五）最後余以「服
膺主義、擁護袖領、福利人民，完成建國」四語勗勉
之。餐畢舉行攝影而散。

9月30日　星期一

　　皖北水災、匪災均重，政府特派社會部次長洪蘭友
先生察看，洪並約在京同鄉陳紫楓、劉啟瑞、費鐸聲、
張一寒、許志遠、王立文、馬存坤諸君同往，日前看罷
回京，詳報政府，速撥巨款救濟。本日安徽同鄉會、安
徽建設協會開會慰勞洪等，並請其報災情，事先請余任
開會主席，余屆時前往。先由余致詞，繼由洪等報告災
情甚詳，經三時之久，盡歡而散。

10 月 1 日　星期二

據鄭秘書道儒云，關于中孚復業事，行政院訴訟委員會即將開會，其所持復業理由即：（1）個人犯罪不影響法人；（2）粉麥放款乃銀行普遍性質，不能專責中孚；（3）銀行法沒有銀行停業條例。照以上理由，中孚必可復業也。

10 月 2 日　星期三

昨深夜忽接電話，言曹纕蘅兄中風，病狀危急。余即親往中央醫院，見曹臥床，人事昏迷，確甚危險。除由該院醫師醫治外，並與小魯、誠菴等商議對策。余於夜二時就其旁低聲連呼纕蘅，彼尚知覺，余遂返寓。纕蘅昨晨曾來余處小坐即行，晚間在公餘聯歡社宴客，忽患此疾，其夫人尚在重慶，伊長女在其身邊。今日病狀較昨稍輕，左側手足麻痺，右側尚好，醫云渠腦部溢血不少，現正設法化除，症雖危險，尚非毫無希望。以纕蘅之忠厚待人，當享高齡，或可將轉危為安也。曾慕韓君來訪，據云此次到華北、東北、山東等處，印像甚佳，將于日內晉謁蔣主席。

10 月 3 日　星期四

纕蘅今晨稍能言語，要吃水、要大便後，再入昏迷狀態，仍未脫危險。孫錫三每日來談話，今日以三小時之久，專談該行復業人事問題，余主張樹立人事制度。因一日夜赴中央醫院看纕蘅病，來往都乘吉普車，稍受風寒，感覺不適。

10月4日　星期五
記曹纕蘅兄之去世

　　聞纕蘅之症轉劇，余因傷風未便外出，特囑麗安、兆麟先後往視。麗返，謂一至病房，乃見纕蘅呼吸氣急，僅隔十餘分鐘即逝世，逝時在下午二時二十分。余亟與小魯、彥龍、芋龕等商談渠之後事，本日即將遺體移至中國殯儀館收殮，並擬組織治喪委員會。余初遇纕蘅於北平，係在國歷二年，雖彼此知名，但未接談。嗣隔十餘稔，始于十七年與其晤於天津，余在津查鹽案，得伊幫助頗多。二十一年余任皖省主席，聘其為顧問，旋保任省府秘書長。二十三年余任黔省主席，保薦其長民政，余去黔後，伊一度代理主席。現任立法院委員及國大代表。伊幼年即穎悟，十二歲考取秀才，十八歲得優貢補小京官，詩文辭賦無一不佳，嘗與南北名流廣結詩社，其德亦厚，待人接物彬彬有禮。憶自十七年天津晤後，迄今已近念稔，余事頗多，得其襄助。方冀其享遐年，共謀國是，何期病僅三日即辭人世。斯人不壽，實屬可惜，尤其余失去極有力之臂助，逾覺痛心。纕蘅身後蕭條，現立法院贈三百萬元、國民代表大會贈貳百萬元，余敬贈壹百萬元。中孚銀行向行政院聲訴，文尾數句經其修改，為孫錫三君贊佩，現孫亦贈送壹百萬元。擬暫將衣棺辦齊，餘事待續商辦。纕蘅曾隨余到西藏辦理達賴轉世事宜，深為得力，數年來余關于文字事宜，都出于纕蘅手筆。

10 月 5 日　星期六

　　關于中孚事，行政院行政訴訟委員會前日開會，一致通過中孚銀行無條件復業。此時只得宋院長最後批示，即可公佈，當不致再有問題。

10 月 6 日　星期日

　　纕蘅兄昨日小殮，余因傷風不能前往，由麗安代表參加。今日午後大殮，仍不前往，深以為憾。茲將大殮情形新聞黏後。

曹經沅遺體大殮

中央社訊

　　立法委員、國大代表曹經沅氏，日前病逝，遺體已於五日下午小殮，六日下午二時大殮，儀式簡單，並經于右任、孫科、吳忠信、周鍾嶽、賈景德、曾琦、李璜、洪蘭友、羅良鑑、繆秋杰、柳貽徵、張默君等數十人，發起組織治喪委員會，於六日午後，由于院長主持開會，經決定分文書、事務，交際三組，由曾少魯、章載一、李煒分別負責，暫假蒙藏委員會辦公。對曹氏遺著之搜集與刊印，亦有具體決定。至追悼會日期，將俟曹夫人由川抵京後，即在毗盧寺舉行。

10 月 7 日　星期一

　　司法部謝部長冠生昨晚來訪，據云前談關于孫仲犖案及海格路范園孫府住宅事，為慎重其事起見，特電上海法院杜首席檢察官，將此案全卷親自攜帶來京。業經閱過，並已囑杜檢查長妥為處理孫之住宅，只要提出非

孫仲立產業之證據，自易辦理。余曰孫之住宅確係孫仲
立父親名下產業，契紙俱在，毫無疑問，應早開封，孫
仲犖案係根據無名信辦理者，應將原案撤銷。謝又曰此
案係特務交辦者。余曰係那一個特務交辦，余可向其說
話。謝未能說出。余與謝在行政院同事同有年，會議席
次相連，彼此感情素洽。繼又暢論辦理漢奸案之困難，
輕重都有不是。計談三十分鐘而散。

10 月 8 日　星期二

據各處說，辦理漢奸與退役軍官這兩事，鬧得社會
不安，老百困苦萬分。

10 月 9 日　星期三

蔣主席丁亥年九月十五日生，今年六十歲，十足年
齡五十九，自改陽曆，又以十月卅一日為其誕辰，國內
外現正籌備卅一日慶祝，而其家庭則于陰曆九月十五日
仍舉行慶祝。余與蔣府素有關係，故偕麗安、庸叔乘上
午九時車回蘇州，午後三時到蘇，于六時再偕麗安、文
叔、馴叔、申叔、庸叔到蔡貞坊蔣太太（緯國母親）家
慶祝，並晚餐。燈燭輝煌，情趣溫暖，滿室快慰。

10 月 10 日　星期四

今日是勝利後還都後第一個雙十節，余因來蘇，故
未能在京參加典禮。回想余前年在新疆，是日正式就主
席職，不久即有伊犁事變。去年雙十節正是迪化危急，
今年雙十余如此清閒而在家度此佳節，心中舒服，非筆

墨可以形容者也。

10 月 11 日　星期五

余園中樹木已九年未整理枝幹，今日特請影毫、佛菴兩兄幫同計劃剪裁。但在九年前大整理，如同小學生已在高小畢業，一切基礎早定，今次之大整理，如同高中畢業即入大學，可完成學業。故今後對于園中樹木即十年不大整理，亦無問題，但除草工作必須時時注意，且須酌加肥料。余家房屋前雖一度修理，尚有許多地方待修，今日亦與影毫兄計劃修理。惟工料貴，亦只好勉強從簡單修理之。今日因整理樹木、計劃修屋，經九小時工作，身體非常疲困。

10 月 12 日　星期六

原來傷風未愈，昨日又加過于勞動，今日身體有微熱，午後臥床休息，當請龐新聲醫師診治。據龐云，昨日工作吃力，又加原來傷風氣管炎之故也，服藥後日內即可痊愈。

10 月 13 日　星期日

熱度已退，偕麗安、庸叔乘八時五十分凱旋特快車回京，午後二時到下關，李運啟、孫錫三諸兄均到車站迎接，余身體仍感疲勞，到家後即休息。運啟兄已推舉為阜豐公司董事長，余希望早日前往任職，俾好解決孫府一部分困難，因中孚投資該公司，而中孚股東亦多投資該公司也。

10月14日　星期一

卓吾由家鄉來京，據云包公祠已修好，代余掛白日
青天四字匾，又云家鄉現尚平安，不過人民太苦，又云
擬將襄叔與蒯世祉開親事。余曰如是曾在郭寄嶠處辦事
之蒯世祉（余與之同住兩個星期），只要襄叔同意，
余當贊同。余送卓吾佛像一尊，又贈陸嬸母（現八十五
歲）佛像一尊，交卓吾帶往。

10月15日　星期二

余本是中國銀行董事，昨接通知，本日下午四時在
中山東一路大廈舉行董事會，余準時前往，遍尋無著，
方知是上海中山東一路。余之粗心，實在可笑。李運啟
兄再來暢談孫府實業事宜。仍促其早日赴滬接阜豐麵粉
公司董事長事宜，並留李便飯。

10月16日　星期三

孫章甫、孫仲犖叔侄今晨由滬飛京，即偕孫錫三、
李運啟、端木愷、李芋龕來晤，研究中孚銀行及阜豐廠
諸事宜。余謂當前應分內、外兩種辦理，對外須速辦仲
犖案暨錫三令尊大人住屋與工廠之糾紛，並決定由章
甫、仲犖陪同運啟，日內赴滬接阜豐廠董事長。至對內
應力求穩定，勿再另生枝節，和衷共濟，一致對外。計
談二小時之久，錫三約余等新蜀飯店午餐。今中央發表
郭寄嶠為甘肅省政府主席，余前曾向蔣主席保薦郭任新
省主席，嗣因中途生變，復薦其任皖省主席，蔣主席亦
有允意。今命其充甘省主席，余揆度中央之意在軍事方

面既可援助新疆，復可阻止共軍攘奪隴東、隴南。郭本
晚來訪，余與之曰，以現在環境講，治甘易於治皖，惟
甘必需聯絡西北回族，但諸馬回教軍人雖已有好感，然
還須加強聯繫，伊頗以余言為然。嗣因昆田赴郭處之
便，囑其轉告郭曰，對於文白亦須聯絡，否則嫌怨一
生，終恐兩敗俱傷。余並譬曰，我在新疆與朱一民兄相
處，終始其事，毫無隔閡，故結局尚稱平穩。昆田回云
郭極願照余意旨去做。

10 月 17 日　星期四

孫章甫、仲犖、錫三等同來商詢中孚行董事人選。
余謂現在復業令尚未接到，董事人選可從緩再議，此乃
余慎重其事也。今羅北辰來訪，謂國大行將召集，前承
參政員錢新之等六十餘人共同推薦為代表，因尚未得消
息，請余分函國大主持人促成其事。余以羅君曆任大學
教授，現在滬經商，實吾皖後起之秀，特分函果夫、立
夫、鐵城、厲生關說矣。

10 月 18 日　星期五

據行政院蔣秘書長夢麟云，中孚銀行復業事已經宋
院長批准復業，聞之甚為快慰。此事經余四個月餘之殫
精竭慮，卒達到復業目的，此盡因蔣主席與宋院長之照
顧，以及各方對余之協助，始克臻此，亦余四十餘年辦
事經驗中最辛苦、最困難、最僥倖之事也。溯余此次負
起該行復業責任之原因，凡有五項：
（一）該行為真正民營事業，在此民主潮流中，站在

國家立場上亟應提倡。

（二）該行係安徽人唯一之事業，安徽經濟落後，故在安徽人立場上應予維持。

（三）該行注重實業、投資工廠，非一般銀行專事投機可比。

（四）該行為安徽孫相國後裔之產業，孫府歷史悠久，人多忠厚，此次銀行如不復業，對於孫府威信打擊太大。

（五）孫府近受各方欺壓敲詐，損失已極慘重，該行若能復業，此類威脅必可減少。

余以上項五個原因為出發點，辦理此事之動機完全出於正義。余辦理該行復業之始，即以董事長自居，蓋以當事人身份便利說話，否則僅憑居間人立場說話，必生外人誤會。且各方人士對該行爭奪甚烈，均欲攫為己有，情形複雜，影響復業，祇有余出來料理，方可使各方鬆手。余原意欲使該行在復業前情形不複雜，復業後不變質，現此種目的已達，各方印象均好，余頗滿意。今午後余與孫錫三談話，余謂准予中孚復業，即是余之正義主張已告完成，至於將來余是否真正任事長，此乃有關余本人之出處，不能不詳加考慮。余替汝等辦理復業是政治性的，對象是政府，余有把握，而復業後任董事長，是替股東服務，以我兩手空空毫無股本，因此殊無把握，隨時有退出可能，請汝等替我研究不丟臉的法子。孫答曰請你老人家放心，一切均已替你準備好了，請放心云云。我本人很相信孫家，且在人情道德上，他們亦不會騙我也。

10 月 19 日　星期六

　　孫仲犖介紹江南水泥公司常務董事陳範有來見。陳係安徽石埭縣人，留學美國，回國後承先人之蔭辦理實業，尤其是水泥工業。但在抗戰期間，江南、大冶兩廠損失過巨，正謀恢復，北方啟興水泥工廠亦與彼等有關，此皆安徽人之事業。以現在全國水泥情況論，皖人將來必居重要地位，陳君即其中之一也。余擬約陳君為中孚銀行董事，以資幫助。午後接見達賴佛兄嘉樂頓珠、佛姊祁吉惠、佛妹楊忠濟、佛姊丈多結尼馬等四人。嘉樂頓珠及多結尼馬係與西藏國大代表同陣來京，祁吉惠、楊忠濟甫於日前經印度到京，兩女士及多結尼瑪即擬返青海原籍省親其外祖母，並擬請外祖母赴藏。彼等帶有達賴之父親函，請余致函馬主席關照，又該函攻擊西藏當局甚力，尤其攻擊達札攝政，並述前攝政熱振現受威脅，頗有危險，請中央援救等情。余允即函請馬主席關照，並告彼等關于熱振事當從長計議。彼等送余佛像及玉佛珠，余招待茶點，情意均感圓滿而散。

10 月 20 日　星期日

　　中央常務委員、甘肅省政府委員、甘肅唯一士紳田崑山君來訪，託余轉達新任甘肅省主席郭寄嶠君以下意見：（一）黨團之權力，要平均分配；（二）現在甘人在省較有地位隴南人居多，亦應按地方分配；（三）甘肅省銀行極關重要，其董事長及總經理將隨谷主席進退，又貿易公司亦是很重要，現在董事長是青年團，統請郭主席注意等等。總而言之，不外黨團之爭、地

方之爭、權利之爭，甘肅如此，其他各省有過甘肅不
知幾許也。

10月21日　星期一

中午十二時在六華春招待達賴佛兄、姐、妹及妹丈
等午餐，沈、熊諸處長作陪。當塗田事實在麻煩，經數
月之交涉，已告一段落（另有記載），就是侯家將米廠
出售于余。今日午後老友葛靜岑兄由滬來京，想要此
廠，余表示可以商讓。晚間訪郭寄嶠君，他日間將飛甘
肅，余特將田崑山君所託話轉告寄嶠，又告寄嶠，你
此次赴甘，在政府是著重國防，尤其是新疆，你要特
別準備。

10月22日　星期二

關於中孚銀行復業一事，行政院對於財政部原處
分、原決定，已決定予以撤銷。決定書之理由分為三部
份，略述於下：

一、收復區戰前經財政部核准設立，戰時仍繼續營業
　　之銀行之規定，僅限于戰時業務之整頓與債務之清
　　償，並無處罰之明文。財部援引此規定吊銷中孚行
　　營業執照，未免不合。

二、關于中孚參加偽小麥收購銀團及經營南北匯兌諸
　　買賣問題，查上述各情，乃當時在滬各銀行（計華
　　興、中江、大陸、金城等十餘家）共同參加小麥借
　　款團。至其於陷敵期間經營匯兌，亦有係適應陷區
　　或後方人民之正當需要而為之者，與其他各銀行經

營業務之情形並無大殊,今獨吊銷中孚執照,揆諸
情理,未免失平。

三、關於該行總經理孫豫方兼充偽麥統會主席問題,查
銀行經理私人本身之行為,與以整個銀行名義所為
之行為有別,要未便將整個銀行之執照予以吊銷。

行政院決定書已於十月廿一日令送財部辦理,約六、七
日內,財部即可將原書轉知中孚也。

10 月 23 日　星期三

襄叔已與蒯世祉在蕪湖訂婚,伊於本日由蕪來京報
告訂婚經過。此事卓吾前次來京談及,余已表示同意,
今果圓滿告成。蒯君係余家近鄰,世代仕官,詩禮傳
家,而襄叔婚事余又掛念多年,今與蒯府聯姻,余負襄
叔之責已一旦善卸,欣慰之情,實非筆墨所能形容。茲
將蒯君家世錄下:蒯世祉,年卅三歲,復旦大學會計系
畢業,廿六年出校後即抗戰到後方,故至今未婚。兄弟
五人,祉屬行五,其大兄與郭季嶠兄是連襟,其曾祖蔗
農曾任湖北藩臺,祖父少農曾任北洋製造廠廠長,父伯
衡以拔貢出身,做京官有年。

10 月 24 日　星期四

上午曾慕韓來談,伊近為國共商談一事居間調停,
冀早完成統一,經將調停詳情告余,其態度確甚公正。
纓蘅之夫人近甫由渝來京,下榻孔宅,余偕小魯往訪,
伊尚未悉纓蘅病逝,猶謂遲當偕其訪余,彼夫婦現已勞
燕分飛,而仍盼望團聚,余頗感其言之淒慘也。衛俊如

夫婦日內赴滬小住，數日即行出國赴美，下午特至伊宅
送行。便將中孚行即將復業情形，及余今後轉向經濟方
面之志願告知彼等，渠頗以余言為然。余以墨綠色軟綢
繡花有絲絡之桌面一件贈衛夫人，彼等請余同攝一影以
留紀念，始別。

10 月 25 日　星期五

襄叔今晨趁公共長途汽車赴蕪轉肥。

10 月 26 日　星期六

孫錫三今晨來寓，詳談中孚行復業後之業務方針及
任用人員兩事，余以中孚此次損失過大，業務暫勿急求
發展，至於用人則注重人才，孫頗贊同余之主張。午後
拉卜楞寺保安司令黃正清來云，伊子已與河南親王之女
結婚，擬來京長住。余謂如久住此間，必須派一年長可
靠者隨同照應，初到交友亦須慎重，以免接近壞人，
若進學校，要先將中文、英文、算術補習至相當程度
方妥。

10 月 27 日　星期日

雲貴監察使張維翰兄由滇來京出席國民大會，今特
訪余，據云滇省現甚安靜。曾慕韓今晨來暢談，伊對國
民大會主張十一月十二日如期開幕、延期開會，並云青
年黨多係文人，無武力，祇有協助國民黨共謀國是，惟
每感覺親疏都有未妥，但願蔣主席能以孫總理當日待遇
譚延凱、伍廷芳兩人之道待伊。蓋譚原為保皇黨，伍則

于駐美公使任內曾請美國當局禁止總理登岸，而總理革
命成功後，不念舊惡，信任兩人不衰。余表示此言頗有
真理，曾託余將此意轉達蔣主席，余即欣然允諾。

10 月 28 日　星期一

馴叔今日來京，中央大學十一月一日開學。曾慕韓
兄午後又來暢談，多開自修與交換學識，彼此所見多屬
相同，最為難得。白建生請余晚餐，有鄒海濱、吳鐵臣
及安南革命黨人阮某等在坐。

10 月 29 日　星期二

午後偕侶子先生訪陳果夫兄，說明中孚銀行請求復
業已獲行政院核准之經過，彼甚諒解。至該行將來增股
等事，待余進入該行負責辦事，隨時商量可也。原因宋
院長不贊成黨部參加該行，而果夫等對于該行又非常熱
心，余實左右為難。到居院長覺生家訪蕭紉秋兄，適居
院長起程回鄂廣濟原籍，藉此送行。蕭先生生活清苦，
余實愛莫能助。

10 月 30 日　星期三

清晨郭寄嶠兄來訪，彼日內即將赴甘肅。據郭云新
疆近來情形不佳，有：

（一）綏來北面對方增兵，並有砲兵等等，迪化人心
　　　不安。
（二）有一殺人犯，法院開審，維族大鬧法堂，硬要
　　　取保，只得准保。

（三）副省主席阿合買提由南疆歸來，堅決反對駐軍
　　　及公教人員，無已，將軍長德亮更換。又據報
　　　伊方要求將郵政、海關、法院等中央直屬機關
　　　歸新疆地方政府管轄，如此無異新疆獨立。
茲就各種情況觀之，新疆有隨時進一步出事之可能。寄
嶠此次專任省主席，不管軍事，萬一新疆惡化，必定影
響甘肅，寄嶠或將再管軍事，故余主張寄嶠應請中央早
為準備，幫助張文白兄。

10月31日　星期四

　　今日十月卅一日是蔣主席誕辰（陽曆），全國各地
舉行慶祝，主席夫婦避壽無錫，遊覽太湖。余于上午九
時偕佶子先生到中央黨部簽名祝壽。午十二時蔣公子經
國在主席官邸招待邊疆及華僑來京祝壽代表五十餘人
午餐，約余作陪，賓主盡歡。青海馬主席公子繼援（號
少香，現任新改編師長）偕趙立法委員德玉持馬主席函
來見，繼援此次來京祝壽。余告繼援曰青海近年軍事、
政治都有進步，惟經濟中國固落後，而青海更落後，余
已迭次向馬主席供獻意見，現聞青海擬以四十億元購織
呢機器，余以為數字太大，值得注意。據繼援曰確有其
事，尚未簽字。余又曰機器就可購成，但運輸與安置費
用甚巨，即再加四十億元，恐亦不能完成，何況技術員
工更成問題乎？適孫錫三在舍，當即介紹與馬、趙見
面，請孫將其天津所辦仁立毛呢紡織廠經過情形向馬等
說明，並請孫為青海幫忙，馬等極表歡迎。

11月1日　星期五

馴叔連日發熱，以今日熱度最高至卅九度半，遂請劉醫生少惕診治。午後六時郭主席寄嶠偕陳參謀總長辭修來舍訪晤，余與陳素來感情甚好，惟因陳公務冗忙，很少往來，茲承過訪，甚表歡迎。彼此談及當前一般軍事政治情形，尚無多大問題，惟對經濟危機，真堪憂慮。陳向余表示，先生有人格、有眼光、有歷史，惟太嫌消極耳。余曰近廿年來追隨蔣總裁做事，誠恐錯誤，使總裁為難，使總裁丟面孜，余素來是有氣慨的，寄嶠在新疆可以見矣，何況余從秘密革命黨出身乎。計談一時半之久，十分融恰，十分快慰。辭修現負軍事大責，深得蔣總裁信任，誠為國家後起之秀，余愛國有心，深望辭修蒸蒸日上，為國家柱石，余亦樂于贊助也。

11月2日　星期六

余為國家服務已四十餘年，初期是戎馬生活，迨至辛亥革命，乃知純恃軍事殊不可能，故於癸丑年二次革命失敗後亡命日本，即入東京政治學校，專攻政治經濟。回國後密謀革命倒袁，袁氏帝制雖云覆亡，而軍閥仍割據稱雄，遂赴西南統率軍隊，轉戰閩、粵、桂等地達五年之久。壬戌年息影蘇吳，決定不再帶兵，閉戶研究哲學，冀為政治上立一基礎。其後蔣主席領導北伐，師次南昌，約余前往，余一再聲明從此不再帶兵，即開始從事政治生涯。嗣因甯漢分立，蔣主席下野，余團結西南武裝同志，擁護蔣主席復職，完成北伐，全國統一。不久甯粵又分立，余奔走各方，取銷廣東政府，國

家復又統一，此乃余從事政治初期最大之表現者也。此
後余主皖、黔、新三省政務，並出長蒙藏委員會八年，
足跡遍歷西北各省及西藏。在此期間經辦事件舉舉大者
為民國二十八年入藏主持達賴轉世坐床典禮，收回中國
對西藏之主權；三十年乘考察甘、甯、青黨政之便，將
河西問題解決，使青海馬主席子香傾誠中央，打通新疆
政治之僵局；卅三年繼盛晉庸氏任新省主席，釋放無辜
囚犯，撫慰邊胞。凡此種種，自認對國家之貢獻、對個
人政治上之收獲不謂不大。如果在過去二十年中仍續帶
兵，不事政治，則軍事上固亦必有貢獻，其程度決不及
政治上之大也，此種政治收獲，實因早期軍事經歷有以
致之。但近年以來，深感軍事、政治雖有收獲，而教育
與經濟（農工商）若無建樹，無論國家或個人，必致落
空。余去歲在迪化時有鑒及此，常勉勵親友及僚屬須著
重實業與教育。嗣離新東歸，即立志以今後殘餘之年，
憑余多年從事軍政之經驗，獻身於實際之經濟事業。適
孫氏以中孚銀行復業問題央余援手，遂欣然允諾負責進
行，雖備歷艱辛，仍不稍懈，始幸達復業之目的。若余
初無轉事經濟之意念，恐不能得此結果也。將來余出任
董事長，開始走上經濟之途，信能在經濟方面有所收
獲，亦如余在政治方面之收獲。惟經濟與政治息息相
關，不能完全隔離，如國家在政治方面需余為力，自當
不後於人，盡其所能以赴之也。

11 月 3 日　星期日

　　財政部送達行政院關于中孚銀行撤銷處分之決定

書，業經該行于昨日奉到。余經五個月之辛苦，得此圓滿結果，極為欣慰。該行擬于本月十五日先行復業，二十二日召集股東會，改組董監會。懷遠縣宋振九先生長公子鴻淳，與壽縣孫端伯次女公子以義，于本日（三日）午後二時在夫子廟六華春舉行結婚典禮，請余證婚。典禮舉行時，余致賀詞。新郎年卅歲、新娘年廿五歲，新夫婦都是湖南大學畢業，宋習冶金、孫習經濟，兩人門第、兩人年齡與學職配合相宜。

11 月 4 日　星期一

馴叔昨夜嘔吐，頗為煩燥，今晨熱度降低，病勢大好轉。午後偌子、芋龕與余同遊後湖公園看菊花，雖是一般普通菊花，但花朵與枝葉都極茂盛。然在八年抗戰，今日如此清閒觀賞此規模較大之菊花，尚屬首次，亦為勝利後之第一次。回想余當年在蘇養菊，種類之多、種類之細，大有天壤之別。

11 月 5 日　星期二

馴叔昨夜嘔吐更甚，苦不堪言，近四日都是從下午五時感覺心中不適，至九至十時半開始嘔吐煩燥。今日請劉醫換藥，大有進步，至夜十時未有嘔吐煩燥。

11 月 6 日　星期三

偌子先生深研佛老，清靜無為，當此人慾橫行之惡濁社會，自然不能配合，因此時感不適，久擬離開政治舞台，息影林園。現已向國府請辭蒙藏委員會委員長，

大概可以邀准，余既不願回蒙藏會，亦不願再強偕子也。前新疆社會處處長、現任立法院委員廣祿，日昨由新來京，頃來見。據云新疆形勢日非，不久以前有漢人七十餘人在塔城為亂民屠殺，省府無法救援，是而可忍熟不可忍，此種冤仇不報，決非黃帝子孫。

11月7日　星期四

孫仲立、孫璧威、孫仲犖三人受人以無名信檢舉通敵，司法機關即根據此無名信捕押孫仲犖，經取保候審，嗣以不起訴了案，而仲立、璧威則要起訴。余以為仲立是否犯法又當別論，而璧威、仲犖確無通敵嫌疑，自當如仲犖同樣不起訴，方屬公平。余特于今日午後五時半訪司法部謝部長，先說明中孚銀行既已復業，在政治方面已告完成，惟在司法方面，希望不擴大。果孫府有不法行為，余必尊重司法立場，決不有所干求，倘與司法立場無礙，而孫案又情有可原，則請將大化小，小化了。謝曰璧威可暫緩起訴，許圖補救。

11月8日　星期五

偕叔仁乘上午八時車赴蘇州，沿途紅黃樹葉，充滿深秋佳色，又值天高氣爽，其樂何如。

11月9日　星期六

潤家頭巷有地皮約六畝以上，並有舊屋數間，在抗戰期間無法管理，所有樹木大半為人盜去，尚餘三、四十株。日前將此等房地收回，交由老用人張克庭居住

耕種，以示優意。余今晨親往該處視察，余現在經濟不寬，如有需要，此地則擬出售。

11 月 10 日　星期日

由羅園移最好紫微一株，曾園移最好梅花一株，連日整理園中樹木，頗有興趣。余家房屋經日人居住，損傷太巨，在今年春間曾一度簡單修理一部暫住，已用去八十餘萬。今次將未修理者再加修理，除磚瓦由余自備外，其他工料約需貳佰數十萬元，尚未完全修理，只好許許辦理。若在六個月前修理，不過百萬元可矣，物價高漲可以見矣。

11 月 11 日　星期一

叔仁與文叔今日午後一時車赴滬。孫章甫先生（多鈺）午後由京到蘇，住葉家弄九號沈京似兄家。孫氏此行專為訪余而來，對于中孚銀行復業表示十分感謝之意。

11 月 12 日　星期二

招待孫章甫午飯，適奚東曙來蘇一同參加，並約顏芝卿、沈京似、梅佛菴、曾影毫、陳鳴夏作陪，飯後章甫回上海。此次章甫與余談及中孚人事，至董監會人選，余曰中孚此次損失太大，應從節損開支做起。章甫云董監事只要送少數夫馬費，多請幾位亦無不可，主張董監會用十八人。又孫府兄弟意見未能一致，對孫錫三尤表不滿，余特別向章甫說明錫三此次在京數月之辛

苦，錫三有能力、有辦法，為孫府之傑出。章甫云中孚
一般老人都是很好的（意在留用）。余曰余只帶李芋
龕、吳二人前往，並約奚東曙、葉元龍任董事。對于
將來中孚人事如同唱戲，應分前台、後台，需知後台
重于前台，今後我唱前台，你唱後台（意在舊人應稍
退後）。

11月13日　星期三

沈京似上午來見，擬于午後赴滬。因伊與孫府是至
戚，故將余對于中孚銀行意見及利害與個人之出處盡量
說明，毫不留餘地。倘在任董事長之先不詳說明，將來
必無結果，託其轉達孫章甫諸君，沈深表同情。

11月14日　星期四

叔仁、文叔偕薛傑由滬來蘇，關于余與上海銀行多
年賬目，亦經算結，彼此清楚。又關于國書生前之款，
亦經查清，以了責任。

11月15日　星期五

上午偕叔仁、忠慶、薛傑到安樂園祭掃湘君墓，敬
獻菊花，並囑園丁整理樹木。

11月16日　星期六

中孚銀行已于昨日復業，當日存款七十億，其信用
之大，可以想見。將于廿二日召集股東會，改組董監事
會。余本擬即由蘇州赴上海，因曹纕蘅兄、格桑澤仁兄

均于明日開追悼會,又是余之發啟,故于本日赴南京,
午後到家。

11 月 17 日　星期日

上午九時與曾慕韓先生談話,告余青年黨已參加國
民大會。余曰青黨既參加大會,國民黨從此結束一黨專
政,青黨此一舉錯很有意義,收獲甚大。曾云論事有五
要:(一)提得出結論;(二)立得起方案;(三)
尋得著關健;(四)指得出要點;(五)握得出核心。
上午十時參加格桑澤仁追悼會,格西康人,年輕而出風
頭,十分聰敏,在邊疆不可多得之人才。午後參加纕蘅
追悼會,各方來悼者五百餘人,生前交遊之廣可以想
見。與錫三作長時間討論有關中孚人事問題。

11 月 18 日　星期一

乘上午八時車赴滬,文叔由蘇州上車一同往滬。午
後二時半到滬,住奚東曙家,他夫婦招得殷殷。

11 月 19 日　星期二

清晨偕東曙到上海銀行晤伍克家兄,談現在一般金
融情形,感覺危險。上午十時在中國實業銀行晤孫章
甫、孫仲犖、包培之諸君,午後章甫到余住處送廿二日
股東會議案,及將提付股東會修改之章程。晚間錫三、
仲犖同至奚家,余力主中孚應建立人事制度,劃分權
限,以清責任,當將修改章程,交由東曙、錫三、仲犖
三人研究。

11月20日　星期三

中孚銀行董監會名單已于今日決定，由奚東曙交孫章甫先生。計董事增加至十五人、監事三人共十八人，所有人選均參著各方意見，大約廿二日股東會可以一致選出。孫章甫、卞白梅、林子有、包培之、周寄梅、孫錫三、孫仲犖等舊董監事在國際飯店招待余等新董事晚餐，大家興趣濃厚，都因中孚復業，前途有望之故耳。

11月21日　星期四

李運啟兄（現任阜豐麵廠董事長）今晨由京到滬，余遂同李及東曙、錫三首次到仁記路（現滇池路）中孚銀行，該行係七層樓，不過陽光不足。午後偕孫章甫兄到孫璧威家、孫仲犖家拜其太夫人，又拜訪孫錫三之父親，此老年過古稀，日前生病，尚未復原。今會見梅光裕君，一別九年，風采如故，他現在經商，擬赴美國讀書，並同遊兆豐公園。

11月22日　星期五

中孚銀行本日午後二時召開股東會，為發展營業，決議增資，受權董事會擬議辦法，並照余所擬名單選舉董事、監察。計選余及孫章甫、徐端甫、林子有、王亮疇、卞白眉、端木凱、奚東曙、孫錫三、葉元龍、包培之、陳範有、李芋龕、孫仲犖、周寄梅等十五人為董事，選李運啟、孫陟甫、傅沅叔為監察，共計十八人內，留過英、美者十一人。章甫、端甫、子有、白眉、錫三、培之、仲犖、寄梅、陟甫、沅叔均舊董監事。

11 月 23 日　星期六

上午十時至中孚銀行出席第一次新董監事會，推舉余為臨時主席。其會議之經過：（一）推選余為董事長；（二）推選孫章甫、奚東曙、葉元龍為常務董事；（三）推選李運啟為常務監察；（四）提孫錫三為總經理、包培之副總經理、陸福震為總稽核；（五）通過關于人事任用法（該行向無人事制度）；（六）余簡單報告復業之經過。遂即散會，接見高級行員，勉以努力行務，各守規矩，即在銀行午飯。午後出席阜豐麵粉廠董事會：（一）推舉余及端木鑄秋為常務董事；（二）決定將阜豐舊的機器移無錫另開新廠，因無錫已有倉庫及廠基；（三）該廠廿五年增資，同人要求分配之紅股，決秉公辦理。

11 月 24 日　星期日

胡光鏕兄來晤，暢談伊所辦木廠及懋業恢復之經過。該行中美合資，停業已久，內容復雜，董事長、總經理人選相當困難，光甫不願擔任此職。午後四時訪陳光甫兄，談二小時，伊對于中孚銀行印象甚深，認為將來必可發展。

11 月 25 日　星期一

上午十時至中孚銀行辦公，時陳光甫兄蒞行訪談，並面約今晚七時至其公館晚餐。旋即處理行務，批准任用總經理、協理、總稽核，暨滬、平、津各分支行經、副理等高級職員。下午二時偕孫章甫等參觀中國紡織

建設公司第一染織廠，由劉廠長引導參觀，此廠原係日人經辦，規模甚大。復至莫干山路參觀阜豐麵紛廠，查阜豐有四十餘年歷史，創辦人孫璧威之父多鑫，當時親赴美國購買機器，以不通外國語言，頗感不便，回國後遂主張子弟出洋讀書。首派孫章甫先生赴美，時章甫始十八歲，在美習土木工程，自章甫開此出洋風氣後，孫府先後出國留學者達廿餘人。現阜豐廠所用機器已經三次更換，第一副機器日出麵粉二千袋，現已移往山東；第二副機器日出麵粉五千袋，現已停用，留於廠內；目下所用者為第三副機器，日出麵粉兩萬袋。而麥庫之建築尤偉，庫可儲麥五十萬石，舉凡儲存、取用皆利用機動力。庫內通氣設備完善，麥儲於內，雖歷久不致霉損，此庫在遠東堪稱首指。迨至阜豐建廠之後，仲犖之父多森復創中孚銀行。廢除舊八股，創造新風氣，實由多森始，孫家因有多鑫、多森兩先生起而創業，乃得風氣之先，克有今日，誠非偶然，其後人復能循規邁進，亦值稱道。此次雖經波折，並請余出為主持大計，余為伎此有歷史之事業不致中斷，故亦樂為之助。晚赴光甫先生宴，同席者有章甫、錫三、東曙等。

11 月 26 日　星期二

中國實業銀行董事長傅伏波（汝霖）、農民銀行協理吳任滄來訪。查中國實業銀行發展太速，分支行卅餘，在此經濟危險大時代，萬一發生事端，調度不動，影響太大，余常告奚總理注意。孫章甫先生約余晚餐，有顏惠慶先生（已七十歲）在坐，顏老外交家，不合現

代潮流。

11 月 27 日　星期三

由奚家移住國際飯店，這是上海第一個貴族飯店，以我苦幹之精神，當然最反對貴族化，尤以現在民不聊生之時代，更不能有此享受。惟中孚銀行久將該房預定，不得不暫時居住，以我對中孚此次之數月辛苦，受之心亦無愧也。

11 月 28 日　星期四

麗安本日午後到滬。以中國現在國內情形而論，言社會，則官民失業、地方不安，政治將成末路；言金融，則投機取巧，銀行已成末路；言經濟，則民窮財盡，已在破產途中，是經濟已成絕望。

11 月 29 日　星期五

自中孚改組董監會，余每日上午十時到行辦公，深覺該行基礎堅固，投資工廠可以說是有事業的銀行，真正合現在國家社會之需要。不過該行各種制度不完全，辦事上頗為散慢，亟應加以整理。該行係以孫府為主體，倘再能化家為國，則將來該行必可成為實合現代模範銀行。余所以願為幫忙，其志即在此，否則如上海一般無意義之銀行，余不決願負責也。連日在行接見賓客甚多。

11 月 30 日　星期六

上午偕錫三等視察中孚營業各部份，深覺同人都甚
誠實，惟內部不清潔、不整濟，嗣又視察保險庫、地下
庫，均極堅固而寬大。午後三時至中國銀行出席該行
第二十二屆通常股東總會。余住國際飯店 603，適余等
外出，未得余等同意，將余行李移至十二樓。余歸，問
何故？答曰讓吳鐵臣居住。余當申斥該店太封建，太欺
人，我決不搬，仍遷回 603 號。上海如此等地方甚多，
都是畏洋人、畏大官、欺百姓，實在可恨。

12月1日　星期日

前日上海警察局以黃浦、老閘二區交通擁擠，決定取締攤販，暴徒乘機滋事，大馬路一帶商店被迫停業。各處發生流血事件，廿七人槍傷，高大生紙號全部被焚燬，秩序大亂，人心惶惶。市政當局決心制暴戡亂，警備司令部布告實施緊急措置，再有暴動情事，一律格殺勿論等情。查此次擾亂，照現在情形觀察，自易平定，但上海五方雜處，市民大半失業，經濟非常危險，隨時可以大變亂。

12月2日　星期一

上午偕麗安到拉都路 311 號朱宅訪朱夫人。夫人長齋念佛，朱先生子謙已于數年前去世。余于民國十六、七年即住此處，蔣主席有一個時間與余同住此宅，蔣主席第一次下野後之復職，及完成北伐統一國家之大計劃，皆在此宅決定，亦是余幫助蔣先生第一件大事。中央□中全會即在此宅招開，此宅真堪紀念。

12月3日　星期二

拜訪吳市長國楨、市黨部方主任委員、謝書記長，此乃到中孚後第一次拜客。在孫仲犖家晤司法院劉參事，他代檢察處杜檢察長向余表示，孫璧威案已起訴，無法幫忙，現仲犖案已不起訴，如將兩案併為一談，恐影響仲犖。換言之，就是要我不要再追求他。中孚銀行雖已復業，而對于司法方面，尚有孫仲立、孫璧威兩案，及孫履平住屋被封事，亟待了結。孫府所經營工商

業確係殷實，孫府同人亦頗篤實，因此受人欺侮。

12月4日　星期三

　　午後到霞飛路一一八九號晤端木鑄秋律師，談孫璧威案，託其負責辦理。因余負中孚銀行之責任，故有關孫府各事，皆應代為料理也。並在端木處晤唐鳴時君，據端木云，此人品學都佳，中、英文亦優良，現在工務局任主任秘書。吳市長國楨來訪，據云現在市面已安靜。此次最初暴徒滋事，市府下令警察不准開槍，致未成慘案，至最後下格殺勿論令，秩序得以恢復。

12月5日　星期四

　　上海攤販風潮業已平靜。此次風潮難免有人背後指使，其最大原因即工商業之不景氣，失業員工多，及各地難民與逃兵役者轉徙流離，跑來上海，有以造成者。現正外貨湧湧而來，通貨刻刻膨脹，工廠時聞倒閉，商店日日蕭條，國計民生整個成問題。值此年關將屆，一遍要求加工資、要求發年終獎金，鬧得人心不安，所以英國人率直評論我們：「中國又回復了二十年前的政治與經濟混亂，在這種局勢下，中國必須自已找出路」。我們唯一希望人民安居樂業，這亦是最低之希望，如欲得此目的，必須早日結束軍事，任用賢能負行政之責。

12月6日　星期五

　　偕麗安到應家午飯。應家向來經營地產，有樓市房三百間，戰前月收租三萬元，現在月收五、六百萬元，

而租稅更重，無法維持。他家原有四輛汽車，現一輛俱
無，做地產業者一落千丈。晚間與孫錫三、孫仲犖、孫
仲敦等磋商阜豐公司同人要求紅股事。因公司同人致余
公函，請余主張公道，遂決定由奚東曙、端木鑄秋先與
公司同人接洽調處，將來必須余出面，余再出面可也。
總之中孚銀行、阜豐公司，以及孫府兄弟先後出事，皆
因兄弟不和，與夫對待同人禮貌不周，有以致之也。余
以感情與正義幫助中孚復業，今後當仍本正義向前做
去。

12 月 7 日　星期六

偕麗安、文叔乘上午八時半車回蘇州，中孚銀行、
阜豐公司高級同人孫錫三、錫德炳等到車站送行。余曰
不時往來上海，送行萬不敢當，下不為例。

12 月 8 日　星期日

天氣轉寒，而太陽溫和，園中散步，快慰無窮，尤
以申叔身體較前強健，更加歡喜。惟仁夫人禮佛甚勤，
身體亦健，此皆天助吾家。

12 月 9 日　星期一

政局動向不定，通貨貶值，物價飛漲，公教人員待
遇菲薄，生活時在喘息不安中。中央公務人員進行簽名
運動，要求調整待遇，唐山工學院罷教，長沙十五中學
請求退聘。此種舉動一定蔓延，尤以教育界罷教、退
聘，影響更巨，此種舉動也是從來未有之舉動也。

12 月 10 日　星期二

沈兆麟弟昨日午後七時三刻生女，麗安特于今晨八
時四十五分車回京照料。午後偕佛菴遊覽曾園，樹木都
已長大，惟園地太大，不易管理，反受其纍。

12 月 11 日　星期三

兆麟姑母因其子逃避兵役，將其拘押，令其交子，
這是最不合乎情理的事。今日上午兆麟由京來蘇，援救
伊姑母，到時伊姑母業已釋出，聞是鄉保長作祟之故
也。各處因兵役事宜，鬧得社會不安，大失人心。

12 月 12 日　星期四

現在達官要人多是事情不肯做的，高調是要唱的、
架子是要擺的、權利是要爭的、意見是要鬧的，如此腐
敗情形，社會焉得不亂。惟社會太無組織、太無教育，
只得聽一般土豪、貪官無法無天之蹂躪，最後天理不容
你這般胡鬧的人，但老百姓苦矣。兆麟今晨回京。

12 月 13 日　星期五

孫錫三君今日上午由滬至蘇，向余報告行務，並商
談增資事宜：

（一）關於中孚增資，錫三所擬辦法係將資本由五百
　　　萬元增為貳億元，分為貳百萬股，每一老股得
　　　認購新股廿九股，每股壹百元，共為壹億伍仟
　　　萬元。又每老股得認購溢價股十股，每股為貳
　　　仟元，共為壹拾億元。兩共為壹拾壹億伍仟萬

元，除以兩億元充作資本外，下餘玖億伍仟萬
元作為公積金。余認增資為中孚大事，對於
新、舊股之分派認購，必須公平合理，倘一處
置失當，必招多方不滿。此舉對我是失信於人
（因我曾答允各方參加中孚），而中孚必更因此
樹敵，錫三等將因之多蒙不利，為慎重計，此事
必須由余出為統籌。錫三聞言，頗以為是。

（二）中孚銀行總管理處為推進業務，加強管理，擬
　　　成立業務計劃，而委員會由東曙、錫三、培之
　　　等任委員，文叔為秘書，余同意此種設施。

（三）本年年關將屆，工商界為酬謝員工辛勞，多有
　　　年終獎金之規定。中孚今年停業十月，損失纍
　　　重，故決定發給半個月薪津之獎金。

12 月 14 日　星期六

　　我本擬在蘇州暫住，藉此休息，頃得周彥龍自南京
來電話，蔣主席有代電，命余及吳達詮、羅佗子、劉自
乾、戴季陶、張岳軍等研究西藏自治。余因此事關係較
巨，又值國民大會草擬憲法之際，故擬即日回京，供獻
意見。

12 月 15 日　星期日

　　余與佗子、影毫、亞威、叔仁、禦秋、鳴夏、思
廣、端安諸人，于抗日前數年在蘇州黃蘆鎮購湖田
一千二百畝，組織元生公司，擬從事墾植湖灘，並在盤
門外蘇綸紗廠間壁購地約三畝，擬建築倉庫曬廠之用。

迨抗日軍興，余等多到大後方，只影毫一人在蘇，該紗
廠利用日人威脅強買該地，不免欺人太甚。但地雖少、
事雖小，不合情理，且國府有令，在淪陷區土地買賣一
律無效，而鳴夏等又希望率回此地，故請龐新聲先生向
該廠負責人說明經過（龐本地人，與該廠向有來往），
並推鳴夏主辦此事。余力告龐氏，要取和平態度。

12月16日　星期一

乘上午八時四十五車，午後二時到京。

12月17日　星期二

鄧鵬九（翔海）、高白玉來晤，並留午飯。鄧前任
新疆民政廳長，與余同時解職，嗣由余推舉任湖北省府
秘書長。高白玉前任阿區行政督察專員，因軍事失敗，
為敵所俘，迨與伊犁談判簽字後，高始被釋。高為一
有膽有識之士，阿山之失敗，其責不在高，而在軍事。
高到京後，閒居無事，余特向蔣主席保薦，業經主席召
見，將派往東北工作。高係吉林人，留學蘇聯，熟習蘇
情，如到東北工作，較為相宜。

12月18日　星期三

青年黨曾慕韓兄有病，余偕小魯親往曾宅訪問。曾
談及國民大會制憲種種問題，余曰蔣主席既主張實現政
治洽商會（各黨派今春所決定者）擬定之憲草，則國民
大會一切均可迎刃而解。梅嶙高、周平、周鼎珩三君
來晤，擬組公司開發桐城沿江之陳瑤湖，推舉許世英為

理事長、柏文尉為總經理，余為常務監察。余當即請其
注意兩點：（一）有無防礙水利，須經中央水利委員會
證明，以免將來麻煩；（二）確定產權，現在自認為產
權者，是否可代表全體？余又特別申明，經營實業我是
絕對贊成，但開墾江灘向來糾紛，難得結果，必需多方
研究、多方注意。余常不在京，此後一切請周彥龍、梅
雪岩（嶙高）兩位代表。韓楚珍（德勤）夫婦來訪。余
任貴州主席時，韓任省府委員，在抗戰期中任江蘇省主
席，現任徐州綏靖副主任，此次來京出席國民大會。巫
建章兄來晤，巫前任新疆保安司令部參謀長，幫助余地
方太多，關于保安司令部之交代甚為妥當。據云新疆形
勢危險，隨時有獨立之可能。此次西藏出席國民大會代
表攜有藏方劃界等無理條件，蔣主席認此等條件有協商
必要，特派戴院長季陶、吳文官長達銓、張主席岳軍、
劉主席自乾等五人，與在京之西藏國大代表等會商等
因。余即于日前來京，本日（十八）午後先訪晤吳達
銓。據告戴院長向蔣主席表示，以五位大員與西藏代表
談判，雙方地位不稱。經國府文官處根據戴院長意見，
先由余等五人商談方針，作內部研究，如戴院長病體未
復，不能召集，可由余與岳軍召集之。上項擬議已簽奉
蔣主席批准，現余即等待五人會議之召開。

12 月 19 日　星期四

　　本日與倍子先生談藏事，伊主張不必由蒙藏委員會
與藏代表談判，另行派員談判較為適宜。近日皖同鄉發
動反對李主席鶴齡之運動，都希望余重主皖政，余堅決

表示辭謝之意。蓋余無再任主席興趣，假定實行民主，
選舉余為家鄉縣長，余亦不敢辭也。

12月20日　星期五

　　蒙藏委員會蒙事處長楚寶卿、藏事處熊耀文等來
晤，楚現任東北復員委員會主任委員。據云東北淪陷日
久，日人分化蒙漢已告成功，極力發展蒙古教育，壓
制漢人，因此在蒙旗內之漢人為生存計，多改蒙古籍
貫，現在蒙古青年很多逃往外蒙加入共黨。與熊處長
耀文研究西藏對策，所見大致與余相同，當前以安定
為原則也。

12月21日　星期六

　　戴院長季陶原擬昨日午後六時，約余與吳文官長，
張、劉兩省主席談藏事，嗣因戴氏臨時另有他約，改于
今晨八時晤談。余與吳、張、劉諸君準時前往戴宅研究
藏事，都認為西藏代表是否有權代表藏政談判此案，
此乃先決問題，當時推舉吳文官長口頭問問西藏代表。
余表示曰西藏代表出席國民大會，在政治而言是很大收
獲，當前如何使他們很歡喜返藏，是要特別注意的。西
藏不願脫離中國，亦不願中國管理，更不願受英國壓
迫，最怕是蘇聯共產黨，他所希望者保持現狀與政教合
一之政治制度。余又說明蔣主席特派余等五位大員談判
者，顯示其對藏之鄭重矣。因國民大會九時開會，吳、
張、劉諸君須前往出席，約定明日上午九時再在戴宅續
談。余並向戴、吳諸君曰，西藏乃川康大後方，必須注

意安定。余與戴院長個人談話約一小時多,是有關目前
軍事、政治、經濟問題,戴亦認為困難太多。

12 月 22 日　星期日

上午九時到考試院,再與戴院長,吳文官長,張、
劉兩主席繼續研討西藏自治問題,決定由余五人簽呈蔣
主席兩項辦法:(甲)請主席根據昨年八月某日宣言,
允許西藏高度自治,批示該代表等此次攜來西藏政府
要求之條件;(乙)由國府令蒙藏委員會派員與西藏代
表商討自治案(內政部亦須派員參加)。呈主席文由戴
院長主稿。午十二時,鄧鵬九約余與佶子、彥龍、小魯
等午餐。李崇年君來暢談,留晚餐。李留學英國,曾任
陝西財政廳、糧食部署長等職,于五年前由關德懋介紹
與見面,暢談經濟,主張余從事經濟。今余既轉業銀
行,伊允幫忙,以謀發展。此人聰敏熱心,但吃虧亦
是在此。

12 月 23 日　星期一

方叔來函,由蒯世祈(世祉大哥)、楊公樸介紹,
得與涂小姐認識,性情頗洽。涂卅四歲,係六安人,涂
之父母均已先後逝世。擬于本月廿四日與涂小姐結婚等
語。蓋方姪既無父母,又無親兄弟姐妹,理應接婚,為
四房傳宗接代。而涂府又是安徽世家,與之開親,甚為
妥當。

12月24日　星期二

　　曹纕蘅兄今晨八時出殯，安葬棲霞山。余偕麗安到中國殯儀館棺前致祭，因無汽車，不能親送墓地。纕蘅生前幫助余處獨多，彼此感情尤厚，余政治方面很多由纕蘅聯繫，今永無纕蘅矣，在公、私兩方都是余最大損失。余擬至春暖，再到棲霞為其佈置墓園。午十二時再至戴院長公館，決定呈復蔣主席文稿，並代蔣主席擬西藏請求各條之批示，文稿由戴院長主稿，大部份都照余意辦理。蓋西藏現甚安定，以不多事、不生事，徐求進步為當前最妥善之原則。

12月25日　星期三

一、佘凌雲來告，安徽國大代表已推王葆齋、李運啟等四人晉謁蔣主席，請求改組安徽省政府，蔣已面允。大家同鄉均望余出席皖政，其理由：（甲）在皖省人士中，有德望而居超然地位；（乙）中央可以通過；（丙）抗日軍興以至今日，主持皖政都是廣西人，余與廣西人有攸久之歷史與感情；（丁）可以運用駐在皖省之廣西軍隊等語。我堅決表示不任省主席，如別人去我可幫忙。最後向佘曰，如別人改組省府，我必推舉你做廳長。

二、前新疆社會處長、現任立法委員廣祿由新來京，今來見。廣（號季高）伊犁人，錫泊族（滿洲別支）。據廣云，他在伊財產都已損失，已不能再回伊犁。又云此次新疆來京出席國民大會代表阿哈買提等，曾主張不再反對盛世才，改為反吳忠信。經

哈族代表哈德萬女士不以為然，並云吳主席在新疆
是解放我們的，現在諸代表大半是吳主席釋放出來
的，你們如反對吳主席，新疆人民是不贊成的。經
哈女士一番公正言論後，乃作罷論。同時阿哈買提
公開表示贊成盛氏之治新六大政策，所謂六大政策
者，即蘇聯之主張也。盛氏在新作風與組織亦是蘇
聯指使者，如有反對盛氏，必牽設蘇聯，故彼等不
主反對盛氏者，其原因即在此也。

三、前一二八師師長蔣漢臣頃由新疆到京來見，據云：
　　（甲）新疆駐軍非常缺乏軍糧，萬一發變化，十分
　　危險；（乙）宋警備司令希濂曰，如有事，地方是
　　不合作，而中央不明瞭新疆情形，亦等于不合作；
　　（丙）省府秘書長劉夢純表示，現在新疆是國際
　　問題（蔣曰原來就是國際問題），又劉從伊犁回迪
　　化，向人表示我們上了當；（丁）自命邊疆通之現
　　任民政廳長王曾善，受伊犁派來副廳長監視與威
　　脅，不能行使職權，已成啼笑皆非；（戊）迪化生
　　活較南京高二、三賠，漢人受伊方人事威脅，不敢
　　立足，紛紛入關。總觀上項情形，新疆確在風雨飄
　　颻之中。

12 月 26 日　星期四

　　中午在蜀中飯店招待前新疆高級同事聚餐，彼等多
有來京出席國民大會者，席間重話新疆往事，彼等均以
現在新疆局勢為可慮。計到鄧廳長翔海、佘廳長凌雲、
何高等法院院長崇善、胡處長國振、保安司令部巫參

謀長建章、曾秘書長小魯、周委員彥龍、新疆日報社張
社長振佩等，其餘許、盧、張諸廳委均不在京，故未出
席。吾人過去新疆同事感情甚佳，雖久別重聚，仍是一
團和氣，吾人前在新疆能應付，渡過困難危險局面，全
在此和氣二字之收穫也。上海昨晚（廿五）因氣候惡
劣，飛機無法下降，先後有飛機三架失事，已死乘客
七十人。據航空公司負責人宣稱，昨日上海航空公司有
電到重慶等處，說明上海氣候惡劣，勿起飛，然駕駛員
均屬外人，彼等擬來滬度聖誕節，乃冒險而來，竟遭失
事。雖然外人都是我國公司所雇用，應聽公司命令，否
則可以解雇，今儘在一小時內先後失事三機，死七十人
（受傷恐尚有續死），責任誰屬？我為死者不平，為死
者悲憤。雖云飛機無雷達，機場電光不明之種種失事原
因，而設備不周是其總因，這都是有關機關之重大責
任，應嚴此負責者。此種慘劇在中國是空前，在世界亦
未曾有，真正是大笑話。

12月27日　星期五

　　上午九時國民政府政務局長陳芷町兄來訪，談及一
般黨政近情以及邊疆諸問題，計一時半之久。上午十時
半西藏駐京舊代表圖丹、參烈等二人來辭行，因彼二人
任期已滿，即將轉返西藏。余乘時機與之暢談中藏關
係，最強調建立互信，與夫西藏本身之利害得失，計談
一時半。午後一時半偕佶子訪陳果夫，談孫府擬與黨部
合辦無錫麵紛廠事，彼對此事不甚熱心，仍屬意于中孚
銀行增股事。繼又談及佶子決定辭蒙藏委員會職務，駐

西藏辦事處沈宗濂亦將准辭，均需人接替，問他有無此
項人才，以便保薦，他亦想不此項人物。

12 月 28 日　星期六

中午十二時在老寶興回教館招待堯樂博士、華聲
慕、廣祿、高監察使一涵午飯。纕蘅先生既已落土，大
事已定，將來須佈置墓園，余當代為計劃。午後偕小魯
訪纕蘅先生夫人，予以安慰，並告以子女都以成人，不
必憂慮。申叔自十八日起發熱，曾一度退清，以後通常
卅七度至卅八度之間，據龐醫診斷係輕傷寒。今日曾伯
熊、蔣長春由蘇到京，據云申叔傷寒，昨夜已退至卅七
度五，似此情形，日內當可痊愈。申叔身體素弱，經此
項病後，必需相當時間之修養，本學期冬季大考，勢必
不能參加，只有令其留級，許圖進步。

12 月 29 日　星期日

上午接見班禪大師教下出席國民大會代表劉家駒、
季晉美等六人，及其辦事人二人，招代茶點。談及班禪
轉世問題，你們要求以現在塔爾寺靈童為班禪真身，但
前藏政府則要求送靈童入藏抽籤，政府能以辦到前藏
承認塔爾寺靈童為班禪候選人第一名，以屬不易，第一
步你們已經成功，如不籤，必須運用前藏，在政府方面
總是期望各方圓滿，皆是同情你們的。與偕子研究對于
中孚之態度。他主張應注意對外各方友誼，個人權利在
其次。余曰保護中孚，即不得好處而防害人家得好處，
但中孚本身是否于國計民生有益，尚屬疑問，倘將來于

公、于私均無利益，我何必做此無聊董事長耶。偌子甚
以為然。

12月30日　星期一

中央財務委員會秘書朱國材來談，將來黨費自籌計
劃與準備規模很大，明年黨費已準備壹仟八百億，研究
如何存放。他特別注意投資中孚銀行，余將該行增資情
形向其說明，如用私人投資是可以的，現正計劃中。計
談三小時，並留午飯。朱是陳果夫兄之親信，朱之來，
當然是陳之受意。朱合肥人，中央政治學校第七期畢
業，與文叔是中學同學。

12月31日　星期二

午十二時，在六華春招待班禪教下代表午餐。席間
暢論班禪大師擁護中央及其得失，未能採納余言，致有
甘孜用兵之失敗。彼等聽之，心悅誠服。

民國卅五年之回憶

光陰過得快，不知不覺已到卅五年除夕，回憶一年
公私之經過，感慨殊多，茲將其重要者書後：
一、自伊犁軍事慘敗起，漢族同胞（老百姓）遭受慘
　　殺將數萬人，情勢日非。余以為非另換一黨政軍
　　新局面不足挽回，故屢請辭職，未得結果。本年春
　　一再堅辭，適三月一日中央召開六屆二中全會，余
　　乘此出席全會機會，始得離迪飛渝。至四月上旬始
　　將主席職務交張文白繼任，余得平安離新，皆天人

之助也。

二、全家由蘭州、重慶分道復員，三月間惟仁夫人偕襄叔、申叔等，承蔣夫人冶誠之助，能順利飛上海，轉返蘇州，途中未受絲毫困阻，余對冶誠夫人心深感激。又在蘭州之行李箱物，得陸局長心亘之幫忙，由隴海路道經南京，再運至蘇州。重慶方面，余偕麗安、馴叔、庸叔、光叔等於五月十二日乘中航機飛京。金陵別來九年之久矣，山河猶存，風景依稀，余至為快慰。抗戰八載，家破人亡者不可勝數，而我大小平安，今能欣然歸來者，此亦天人之助也。

三、安徽壽縣孫相國後人所辦之中孚銀行有卅多年歷史，該行於抗日勝利後，以有通敵嫌疑停止營業，余認為十分冤枉，為主持正義，故盡力為之，設法復業。余炎夏在京數月，專辦此事，輾轉經過種種困難，終能成功。該行已于十一月正式復業，選余為董事長，此對國家、個人都有利益。

四、在國家方面，勝利後已一年又數個月，內戰不止，經濟危急，民不聊生，前途如何，殊屬憂慮。其唯一期望，於十二月廿五日閉幕之國民大會通過之憲法能如期切實施行，使人民得以安居樂業，共享太平。

民國日記 56

吳忠信日記（1946）
The Diaries of Wu Chung-hsin, 1946

原　　著　吳忠信
主　　編　王文隆
總 編 輯　陳新林、呂芳上
執行編輯　李佳若
封面設計　陳新林
排　　版　溫心忻

出　　版　 開源書局出版有限公司

香港金鐘夏慤道 18 號海富中心
1 座 26 樓 06 室
TEL：+852-35860995

民國歷史文化學社 有限公司

10646 台北市大安區羅斯福路三段
37 號 7 樓之 1
TEL：+886-2-2369-6912
FAX：+886-2-2369-6990

初版一刷　2021 年 3 月 31 日
定　　價　新台幣 350 元
　　　　　港　幣　90 元
　　　　　美　元　13 元
I S B N　978-986-5578-07-7
印　　刷　長達印刷有限公司
　　　　　台北市西園路二段 50 巷 4 弄 21 號
　　　　　TEL：+886-2-2304-0488

http://www.rchcs.com.tw

國家圖書館出版品預行編目 (CIP) 資料

吳忠信日記 (1946) = The diaries of Wu Chung-
hsin, 1946/ 吳忠信原著 . -- 初版 . -- 臺北市：民
國歷史文化學社有限公司 , 2021.03

面；　公分 . -- (民國日記；56)

ISBN 978-986-5578-07-7 (平裝)

1. 吳忠信　2. 傳記

782.887　　　　　　　　　　110003415